À L'ÉCOLE DE L'UNIVERSEL

ISBN : 978-2-36956-342-6

FRANÇOIS-XAVIER FRELAND

À L'ÉCOLE DE L'UNIVERSEL

Germaine Le Goff (1891-1986), une éducatrice en Afrique

Préface d'Abdou Diouf
Postfaces de Pamela Caillens et Nicolas Caillens

ÉDITIONS INTERVALLES

SOMMAIRE

PRÉFACE

À Germaine Le Goff
Aucune équation, aucun théorème
Ne pouvait creuser sillons plus profonds.

Annette Mbaye d'Erneville
(prix des poètes sénégalais de langue française)

À Dakar, le 11 juin 2004, une quarantaine de ministres du continent africain, toutes compétences confondues, se réunissait pour commémorer le dixième anniversaire de la conférence du Caire sur la population et le développement. La directrice exécutive du Fonds des Nations unies pour la population (UNFPA), Mme Thoraya Ahmed Obaid, saoudienne, déclarait : « Quand les femmes ont les mêmes opportunités que les hommes et l'égalité devant la loi, les bénéfices vont à tout le monde : les familles, les sociétés et les nations s'en trouvent améliorées. »

Sait-on que, en 1923, débarquait à Dakar une Bretonne qui rejoignait son poste d'institutrice au Soudan français ? À son arrivée à Bamako, son supérieur hiérarchique lui indiquait qu'elle devait se rendre à Djenné pour y diriger l'école, comme elle l'avait fait à Silfiac dans le Morbihan, à Guiscriff où elle se maria et donna naissance à Monette, affronta la mort de son mari et, trois ans plus tard, se remaria. Elle s'appellera désormais Le Goff, Germaine Le Goff. Elle choisit son métier : « Instituteur, le plus beau des métiers », écrit-elle dans son journal. À l'époque, ce choix était courageux étant donné le contexte de la société bretonne, profondément catholique, prise dans les conflits entre l'Église et l'État.

Par une belle journée de mai 1921, le couple Le Goff reçoit à Réguiny des cousins venus de Brazzaville qui leur vantent les mérites et les charmes de la vie aux colonies. La France a besoin d'éducateurs. Ils font une demande d'affectation. L'administration leur refuse l'Afrique-Équatoriale française (A.-É.F.), mais les dirige vers l'Afrique-Occidentale française (A.-O.F.), au Soudan, à Djenné. Dans l'esprit de Germaine Le Goff, l'Afrique sera le laboratoire de grandes idées.

Après avoir campé son héroïne dans le contexte de sa Bretagne natale, François-Xavier Freland la laisse à son « rêve d'aventures et de terres lointaines ». Il la suit dans ses diverses affectations, Djenné, Saint-Louis, Dakar, Rufisque où elle pose ses bagages pendant huit ans. Il fait mieux : il scrute ses pensées, ses convictions, ses inventions face à des situations inédites, ses résultats.

« Il ne faut jamais faire d'un enfant un engagé à œillères. La vie est non seulement un choix mais une succession de choix ; laissons à l'homme son libre arbitre, car c'est seulement dans ce cas qu'on peut parler de libre arbitre. » Germaine Le Goff enrichit ainsi son journal de ses réflexions puisées à la source d'expériences qui n'ont pas toujours été faciles, mais dont elle essaie de tirer le meilleur. Il s'agit, en embrassant la carrière d'éducatrice et d'enseignante, de créer des êtres responsables et libres. Des mots forts, « éducation et enseignement », complémentaires tout en étant différents ; « liberté et responsabilité », l'un n'allant pas sans l'autre.

Au départ de Dakar, l'inspecteur général de l'enseignement a précisé à Germaine Le Goff l'objet de sa mission : « La France veut des femmes évoluées, des sages-femmes et des infirmières. Mais attention, pas des intellectuelles. »

Arrivé à Bamako après un voyage par le train, de deux à trois jours, le couple Le Goff traverse l'immensité de ces espaces soudano-sahéliens dont la végétation agropastorale décrit un paysage qui n'est pas la forêt, tout en n'étant pas encore le désert. En route pour Djenné, par le Niger, les Le Goff pénètrent l'Afrique, avec ses hippopotames qui « nagent en groupe désordonné, ses crocodiles qui font la sieste sur le dos, ses flamants roses qui par centaines glissent sur l'eau ».

Les voici à Djenné. Le « grand commandant » les attend : « La seule autorité française dans cette ville mauresque, musulmane et autonome depuis toujours. » Au carrefour des civilisations, « mais à l'ombre de l'Occident », précise François-Xavier Freland, Djenné est une ville d'hommes enturbannés et de femmes voilées, rarement rencontrées. Hommes et femmes ne se croisent pas. En fait, il n'y a pas d'école mixte, contrairement à la loi du colonisateur. Garçons d'un côté, filles de l'autre. Tout est à apprendre : côté élèves, savoir lire et écrire ; côté Le Goff, percer les mystères de ce monde inconnu, de cette culture complexe. Existe-t-elle même, cette culture, dans l'esprit du colonisateur qui a vite fait d'imposer sa mission civilisatrice et son corollaire, l'assimilation ? La méconnaissance de la langue française est un sérieux obstacle entre Germaine Le Goff et ses élèves, et il lui est formellement interdit d'emprunter pour se faire comprendre les « idiomes indigènes », comme on disait alors. Et à plus forte raison de les enseigner en les associant à la langue française. Mais dans les années 1920 on n'en est pas encore là. Les sciences du langage ne sont pas aussi développées qu'aujourd'hui. Comment faire ? C'est elle qui s'appropriera la réalité qui l'entoure : les hibiscus remplaceront les roses, les baobabs les chênes ; c'est elle qui adaptera son enseignement aux problèmes qui se posent pour se faire comprendre et pour comprendre elle-même ses élèves. Celles-ci apprennent à saisir le sens que Germaine Le Goff veut donner à sa mission ; et devant tant de bonne volonté, elles finissent par accepter leur jeune institutrice, au point de lui parler franchement, notamment pour exprimer leur mécontentement. Ce sont les parents qui parlent par leurs enfants. Elle décide d'aller à leur rencontre. En écoutant leurs reproches sur l'enseignement des blancs qui se substitue à l'éducation familiale, elle admet que le rôle éducatif est plus urgent que la tâche enseignante. Il faut leur donner la fierté d'être femme. C'est ainsi qu'elles seront « utiles et bienfaisantes », consigne-t-elle dans son journal. Elle écoute ses jeunes élèves sur la condition de la femme à la maison, dans la société : à leurs yeux d'adolescentes, cette condition n'est pas enviable, aux yeux de Germaine Le Goff non plus.

Tandis qu'elle s'interroge, Germaine Le Goff observe la société coloniale et entend les sarcasmes dont elle et son mari sont l'objet. Elle se situe à l'opposé de ce que les colons peuvent penser et dire. Le couple s'en écarte peu à peu, s'enfonce dans la brousse « pour prendre un peu l'air », dit François-Xavier Freland. Comme pour ne pas donner raison à la société coloniale de Djenné, les élèves de Germaine Le Goff se sentent davantage en confiance. Ses mérites commencent à être reconnus en haut lieu. On l'appelle à de plus grandes responsabilités.

À Djenné, Germaine Le Goff s'est située des deux côtés du miroir, du côté colonial et du côté de la société africaine. Elle en a tiré une conclusion : l'assimilation est sans doute une belle utopie, mais elle ne peut perdurer. Les habitants de Djenné s'en étaient rendu compte, mais étaient patients. L'Afrique aussi.

À Saint-Louis, ville frondeuse, elle écrit dans *Mamadou et Kadidia* quelques chapitres de morale. Surtout, l'élève Bounama Fofana pose une question fondamentale : « Qui épouserons-nous demain dans notre pays où la France ne fait pas grand-chose pour l'éducation de la femme africaine ? » Désormais Germaine Le Goff se donne comme mission de former cette élite féminine africaine.

En 1937, à la Chambre de commerce de Dakar, un jeune agrégé de grammaire, le professeur Léopold Sédar Senghor, donne une conférence restée célèbre sur le problème culturel en A.-O.F. et il laisse, en terminant, ce viatique à ses jeunes camarades (filles et garçons) : « Plonger jusqu'aux racines de notre race et bâtir sur notre profond fond, ce n'est pas retourner à l'état sauvage : c'est la culture même. » Si ce discours identitaire surprend l'administration coloniale, Germaine Le Goff l'applaudit, plaide et défend devant le gouverneur général de l'A.-O.F. un enseignement moderne et adapté au milieu et aux femmes. Huit ans plus tard, Senghor renouvellera son conseil sous une autre forme : « Assimiler sans être assimilé. » Entretemps, en 1938, la création à Rufisque de la première école normale d'institutrices pour jeunes filles est décidée par le gouverneur général et « Mme Germaine Le Goff est chargée des fonctions de directrice de l'école normale de jeunes filles ».

Recevant ses premières élèves, elle leur souhaite la bienvenue en leur précisant : « Vous êtes ici non pas dans une école mais dans une maison d'éducation. » Ce qui ne signifie pas dans son esprit qu'elle va négliger l'enseignement des matières proprement scolaires jugées essentielles, mais qu'elle va les jumeler avec un savoir-faire plus pratique et plus conforme à la nature et aux besoins des jeunes filles qui lui ont été envoyées : devenir une femme d'intérieur, une bonne épouse, une mère, un exemple pour la famille et la société. Elle dépasse volontairement la mission qui lui a été confiée et en même temps, par les actes qu'elle pose, elle retient les leçons du professeur Senghor.

Habile et sincère à la fois, elle s'attache à l'enseignement du français et à son strict usage dans l'établissement, à l'histoire de la France, la mère patrie. Ce n'est pas une concession politique, mais l'expression d'un sentiment profondément inculqué. N'est-elle pas elle-même un pur produit de l'école de la République ? Germaine Le Goff, esprit intelligent et indépendant, va cependant adopter l'attitude de tolérance africaine sur la laïcité en respectant les croyances religieuses de ses élèves, ce qui n'était pas le sens qui en avait été donné au temps des conflits politico-religieux du début du siècle en France. À côté des principales dates de l'histoire de France, elles approfondissent la culture de leurs ancêtres et doivent connaître par cœur la carte du continent africain. Une « case » représentant un intérieur purement africain est reconstituée dans la salle des fêtes de l'école. Les élèves cuisinent des mets africains. Les jours fériés et les jours de fête, elles quittent leur uniforme pour leurs vêtements africains. « Soyez fières. Restez africaines », leur répétait sans cesse Germaine Le Goff. Africaines oui, l'école normale de Rufisque n'était-elle pas le lieu de rencontre des jeunes filles de la sous-région, un grand pas vers l'unité africaine de demain ? Elle fait tout son possible pour qu'elles ne se sentent pas en exil.

Les élèves sont en confiance avec leur directrice qu'elles appellent volontiers « maman ». Car Germaine Le Goff, par sa clairvoyance, sa compétence, son expérience, sa vision, son rapport avec l'autre, avec ses élèves et leurs familles, son énergie et son courage, rassure ces enfants qui ne cessent de la prendre comme modèle.

Et puis, en 1946, c'est la retraite. Le cœur serré, les yeux remplis de larmes, les pensionnaires de l'école normale la voient partir, s'en retourner en France où elle se retire dans sa maison de Sucé-sur-Erdre, près de Nantes. Elle reste quand même en contact avec ses filles, « mes Africaines », dit-elle, devenues « femmes, mères et citoyennes de pays souverains ». Elle les retrouve à Dakar une dernière fois le 11 décembre 1976. L'école a quitté Rufisque pour Thiès. Sur une décision du président Senghor, elle s'appelle désormais école normale Germaine Le Goff. À ses successeurs de suivre ses préceptes dans les domaines de l'éducation, de l'enseignement et de la culture.

Le livre de François-Xavier Freland est une somme de réflexions pleines de tendresse pour sa trisaïeule, mais aussi d'admiration pour une femme modeste et humble qui a su s'immerger dans une Afrique qu'elle ne connaissait pas mais qu'elle a vite comprise et servie avec intelligence et dévouement. Les appuis de ses supérieurs, les témoignages de ses anciennes élèves et les expériences qu'elle a conduites, les résultats qu'elle a obtenus sont autant de preuves et de leçons à retenir au moment où nos pays cherchent à relever le défi de l'éducation et de l'enseignement, clés du développement.

> « Et nous vivions. Debout, dans nos classes surchargées, nous étions une poussée du gigantesque effort à accomplir pour la régression de l'ignorance. » Mariama Bâ, *Une si longue lettre*, Le Serpent à plumes, Paris, 2001.

Abdou Diouf, ex-secrétaire général de l'Organisation internationale de la francophonie.

À la mémoire de Claude Caillens
À Sandra et Serge Freland
À Milo

INTRODUCTION

La Châtaigneraie, c'est aujourd'hui un souvenir bleu, au ralenti, avec quelques aspérités ; une image qui fond. Celle d'une maison un peu austère où j'allais retrouver mon cousin aux vacances de Pâques. La première fois, je m'y étais rendu avec mon père. Je me souviens que, de la route, on distinguait à peine cette maison derrière le muret de pierre en ruine. On entrait dans le parc par un grand portail rouillé qui ouvrait sur un chemin sinueux. Au bout d'une allée de chênes, et de châtaigniers bien sûr, il y avait la villa, blanche, élégante malgré son état avancé de délabrement. Je la revois, avec ses volets affaissés, ses pierres déchaussées, sa façade fissurée. On entrait par la cuisine, derrière, face au jardin potager en jachère. En général j'y passais une quinzaine de jours à pêcher des morceaux de plastique dans la rivière au bout. Une rivière paisible, déserte, avec parfois seulement, le passage d'un canoë ou d'une barque. Chapeau de brousse sur la tête, on jouait aux aventuriers de l'Arche perdue dans le jardin où l'herbe haute dissimulait des chenilles rampantes et piquantes comme des reptiles importés d'une région sauvage. Parfois on allait se cacher pour fumer une cigarette dans la serre. Dans cette verrière aux carreaux brisés par endroits régnait une chaleur humide qui faisait déborder des vases en terre les larges feuilles de quelques plantes exotiques.

Dans cette maison, lumineuse malgré le crépi de plus en plus gris abîmé par la pluie, vivait une dame âgée, toujours assise dans son fauteuil. Elle avait de petits yeux bleus perçants, un regard tendre pour ses chers, pas pour les autres. Je revois cette femme, courbée devant l'entrée de la cuisine avec le sourire dans le regard. Un petit bout de femme d'un mètre cinquante, à l'allure un peu austère, à l'image de ce chignon serré au-dessus du front qui tirait les traits de son visage et de cette robe aux couleurs délavées. Elle était ni très accueillante, ni très antipathique, mais seulement inquiétante pour l'enfant de dix ou douze ans que j'étais. On l'appelait « Mamie II ». Je trouvais que ça lui allait bien. Cela faisait penser à Ramsès II. C'était l'arrière-grand-mère de mon cousin. Je l'appelais madame Le Goff. Je me souviens de son prénom, Germaine, peu commun pour un enfant. Pour rejoindre la salle de séjour, on entrait dans la cuisine où une dame faisait mijoter dans de grandes casseroles en cuivre des plats en sauce aux senteurs inhabituelles. Les meubles étaient vétustes, les murs décrépis, le plancher grinçait sous les pas. Il y avait un petit salon intermédiaire, puis, la salle à manger, avec ses grands vitraux qui faisaient entrer le soleil par taches rouges ou vertes. Enfin, au bout, le grand salon, avec, au milieu, cette chaise à bascule où « Mamie II » venait s'asseoir la majeure partie de la journée, les pieds posés sur un tabouret, à côté d'un vieux poêle électrique, le visage tourné vers les grandes baies vitrées. Elle mettait sur ses genoux un châle qui glissait parfois du fauteuil quand elle dormait et qu'on ramassait sans faire de bruit. Elle ne s'exprimait pas beaucoup, ou bien seulement pour calmer notre agitation. Les yeux fermés, le corps enveloppé de vieilles laines, elle ressemblait bien au pharaon momifié, à ces divinités embaumées des temps anciens. Le salon était une accumulation de souvenirs épars, de masques, de statuettes, de fresques plus ou moins exotiques. De tout ce fatras, qui dormait autour de notre momie éveillée, semblait se dégager un parfum d'ailleurs. Une odeur presque âcre, un mélange de renfermé, de fleurs et de bestioles dans le formol, qui avait imprégné les murs, les escaliers. Plus qu'une odeur, c'était le parfum naturel d'une dame. Un mélange de cire, de vieille eau de Cologne et de cuisine à l'ancienne. Une odeur qui paraissait émaner aussi des objets orientaux répandus à foison dans toutes les pièces. Des dizaines de sculptures, de toiles et de cadres jaunis, de vases, de livres poussiéreux, d'ivoires posés comme pour l'éternité sur du mobilier breton, massif. Un parfum d'hier s'échappait des albums de photos jaunis par les années, lorsqu'on les parcourait. Il y avait des arrivées et des départs au pied des avions, des retrouvailles et des au revoir. Il y avait des visages aussi et des paysages. Cette odeur, c'était l'Afrique. Celle que j'avais imaginée en parcourant Tintin ou en regardant Tarzan à la télévision le mardi soir. Madame Le Goff était donc de ce pays lointain qui faisait penser aux lions et aux crocodiles ; et pourtant, elle n'était pas noire. Et sur les photos, elle donnait l'impression d'être plus blanche encore. Autour d'elle, il y avait des femmes, beaucoup de femmes, de couleur comme on disait. Avec mon cousin, on les trouvait belles, comme celles grandeur nature exposées dans le salon. Des sculptures en pierre, terre ou plâtre blanc, zébrées sur le côté d'initiales, « JLG » pour Joseph Le Goff. L'une d'entre elles nous paraissait géante, et sa poitrine généreuse, lisse et froide au toucher, nous servait de repère dans notre vie d'homme mesurée au mètre. Sur ces photos, il y avait aussi des jeunes filles en uniforme, dans une cour de récréation. Il y avait surtout Mamie II, beaucoup plus jeune et souriante qui ne ressemblait pas à cette femme immobile qui respirait fort sur sa chaise à bascule. Au dos des photos, il y avait des annotations et des noms griffonnés : « 1972, Maman Le Goff et ses filles », Annette Mbaye d'Erneville, Mariama Bâ, Bathilde Gaye. Germaine Le Goff est morte en juillet 1986. « Madame Germaine Le Goff n'est plus ! » a écrit le grand quotidien sénégalais *Le Soleil* en une. On l'a trouvée sans vie un matin d'été. La veille, elle avait mangé une petite part de son gâteau préféré, le Paris-Brest qui avait peut-être la saveur du voyage et des départs. Certains ont dit qu'elle était morte en écrivant son journal intime. Il était là, pas très loin d'elle, ouvert à une page. Avec dessus, sa signature recopiée à l'infini, en boucle. Des boucles qui se terminaient en ratures superposées et désespérées avec quelques mots, « Je suis aveugle », des mots presque illisibles et qui ressemblent à une longue ligne de vie. Elle avait quatre-vingt-quinze ans et mon cousin Nicolas a trouvé qu'elle ressemblait encore plus à une momie, un peu fripée, comme les visages qu'on découvre lorsqu'on retire le linceul. Il m'a dit plus tard qu'elle s'était réconciliée avec la religion catholique à la fin de sa vie, alors que le curé de Sucé-sur-Erdre partageait sa table chaque dimanche à la Châtaigneraie, et que des dizaines de femmes africaines avaient assisté à la messe d'enterrement. « Requiescat in pace » ! Il m'a raconté aussi qu'elles avaient pris bateau, avion, train pour être là. Il paraît même qu'elles étaient vêtues de leurs boubous et qu'elles sont arrivées ainsi à la gare de Nantes. Il paraît aussi qu'elles riaient beaucoup et que certaines avaient l'air heureuse et que le soir, la veille des obsèques, elles ont égayé le dîner et beaucoup chanté. Depuis, le temps s'est arrêté comme on dit. La villa est orpheline depuis plusieurs années. Que s'est-il passé à la Châtaigneraie ? Rien ? Si, l'essentiel. Plusieurs années plus tard, j'ai rouvert le livre.

1891-1918 : NATURE, MÈRE DE L'ÉDUCATION

Germaine Le Bihan est née le 11 avril 1891 à Douarnenez dans le Finistère. À Pouldavid plus exactement, un port d'une trentaine de bateaux, situé dans la périphérie de Douarnenez. À l'aube du XXe siècle, c'est une petite cité ouvrière, sardinière, où le choléra sévit, où s'entassent les familles pauvres de la région pour vivre ou plutôt survivre de la mer. Loin de Paris et des directives de l'éducation nationale, on vient tout juste d'y inaugurer, quatre ans plus tôt, la première école publique de filles. La première voiture à feu « voétur a dann », en breton, a surgi dans un halo de poussière, depuis la route de Quimper. Douarnenez, c'est le bout du monde. La plupart du temps, les hommes sont sur l'eau, les femmes à l'usine de conserve à trier le poisson. Toute la région vit alors au rythme des marées et des premières grèves. Et quand les équipages rentrent, les sabots cloutés résonnent sur le pavé. C'est le retour des héros, lorsqu'ils reviennent... Avec ses dix mille habitants, Douarnenez est alors en pleine expansion. On arrive de la campagne pour y trouver du travail. On recherche des maçons surtout pour loger tout ce petit monde qui s'entasse déjà dans des quartiers dortoirs. Douarnenez, c'est une carte postale de l'ère industrielle, avec ses cheminées, son vacarme, ses rails, celles des vies toutes tracées. Et comme on dit alors, la petite Germaine naît dans les « roses », pleine d'épines, quatrième d'une famille de dix enfants, six filles et quatre garçons. Sa sœur et son frère aîné sont emportés très jeunes par la variole, sans qu'elle n'ait eu le temps de prononcer leurs noms respectifs. Puis, la mort foudroie son frère cadet dans un accident, et sa dernière petite sœur d'une tuberculose, victimes, comme elle l'a écrit dans son journal intime, « de la pauvreté et de l'ignorance surtout ». Sa longue vie d'Homme commence donc ici dans ce coin de terre qui s'arrête face à la mer. La mer qui emporte tout, et vient frapper parfois sur les digues de Douarnenez dans un vacarme de fin du monde ; « une garce », dit son grand-père maternel Guillaume Savina qui a déjà fait le tour du monde sur les chalutiers. Une existence comme du granit où le père, lui aussi pêcheur, n'est jamais là, les mains liées au filet, toujours dans les vagues, entre deux tempêtes. Où la mère au foyer part chercher du bois dans le noir pour réchauffer la maisonnée irrémédiablement humide. Dans les gênes, il y a la misère, dont tout le monde hérite à égalité. « Avec sa peau desséchée, pelée par le vent, le soleil, ses yeux avaient viré, n'étaient plus des yeux d'enfants, mais ceux d'un adulte qui a souffert, des yeux d'homme de mer au ton glauque, indéfinissable, et ses mains étaient celles d'un marin pêcheur brûlé par le sel. Je le vis dans la rue avant qu'il n'entrât dans la maison et restai, clouée sur place, mon frère semblait mon aîné. »

La vie, c'est le froid donc, lorsque l'hiver est là, qui l'accompagne de sa chambre à l'école. Un froid pénétrant qui gifle les visages à chaque bourrasque de vent. À cette époque, dans ce petit bourg de Pouldavid, la vie ressemble à un hiver sans fin. « Qu'est-ce que la vie d'une fille de pêcheur dans une région reculée de la France, à la fin d'un siècle où l'âge de pierre croise l'ère industrielle ? » C'est chaque jour, « Jean qui pleure » dans cette Bretagne désolée, avec son crachin, et ce maudit vent humide qui apporte quotidiennement son lot de mauvaises nouvelles, au loin dans les naufrages. « Sainte Barbe ! Sainte Claire ! Préservez-nous du tonnerre. Si le tonnerre tombera, sainte Barbe nous préservera... » Un pays où la langue maternelle n'est plus qu'un dialecte, maléfique pour l'Église, hostile pour la République. Ce pays oublié du cadastre, ignoré par l'administration centrale, reste malgré tout une région insolite, où les légendes accentuent le relief et le charme de paysages sculptés par les éléments. La petite Germaine est sensible à cette mer déchaînée, à ces champs à perte de vue, à ces calvaires, ces chapelles, ces croix celtiques, ces orages, ces pluies, rythmés par le carillon des cloches au loin. Très tôt, elle a le goût de l'aventure. Dès le printemps, la corvée de bois sec se transforme souvent en expédition découverte sur les chemins creusés par les roues de la charrue. Au printemps donc, c'est elle qui emmène ses frères et sœurs jusqu'au petit point de l'horizon. « En haut de chaque côte, je découvrais un paysage identique à ceux déjà vus, [...] en mon for intérieur, je me disais, je n'ai rien découvert aujourd'hui de nouveau, une autre fois nous irons ailleurs, nous irons plus loin. Il y a quelque part des pays merveilleux jamais vus. Faut que je trouve. » Elle trouve surtout cette même campagne désolée, immobile, qui contraste avec cette mer sauvage. Cette mer qui engloutit les hommes, qui emporte son père et inquiète sa mère. Une mer interdite aux enfants juste au bout du chemin pourtant, immense. Sur les hauteurs de Pouldavid, on voit la mer sur les quais, juste en bas. Les mouettes et les goélands viennent parfois par centaines se poser sur la vase durcie lorsqu'elle est basse, près du pont de chemin de fer. Mais l'océan est plus loin, derrière la colline, au pied de la baie de Douarnenez. Il faut traverser des champs de stellaires, de violettes, de jonquilles ou de pâquerettes. Il faut suivre encore le ruisseau ombragé de fougères, s'enfoncer dans des bois de chênes et de pins, longer des haies d'ajoncs pour enfin deviner les plages isolées de Tréboul. Ces plages où elle passe quelques heures avec ses frères et sœurs à ramasser crabes et coquillages, avant de rentrer au pas de course parce qu'il est déjà tard et que la nuit tombe vite. La petite Le Bihan se repère à la crête des manoirs pour refaire en sens inverse le chemin parcouru. Germaine aime ce paysage solitaire et silencieux avec ce ciel admirable au-dessus des têtes. Un ciel d'ombre et de lumière, qui ressemble au paradis des fresques religieuses, à l'Apocalypse aussi. Gris, menaçant qui crève les rayons du soleil à la moindre éclaircie et se referme sur le jour sans prévenir. La petite Germaine et ses frères se perdent souvent et c'est toujours elle qui retrouve le chemin. C'est encore elle qui porte le plus gros fagot de bois sec sur son dos. Et c'est elle qu'on accuse. « Ce n'est pas courageuse qu'elle est notre fille, dit son père, c'est trop courageuse. »

L'ÉCOLE DU SAVOIR

En réalité, à Pouldavid, il n'existe qu'une école à l'aube du XXe siècle : celle du curé, ou plutôt, des bonnes sœurs, de la communauté des filles du Saint-Esprit. L'autre, laïque, la toute nouvelle, a mauvaise réputation. C'est mal vu. Germaine va là où sa mère Philomène, une catholique pratiquante qui tient son prénom d'une sainte, vierge et martyre, lui dit d'aller. L'école des religieuses est modeste. La pluie fait souvent son apparition dans la classe entre les ardoises brisées du toit avec un goutte-à-goutte incessant d'un bureau d'écolier à l'autre. Une école où le froid s'installe durablement tout l'hiver avec ses petites misères : de grosses engelures sur les pieds, bien souvent nus sous la laine dans les sabots. À l'école du curé, on apprend son catéchisme par cœur, avant même de savoir lire. On décline le latin et l'on s'exprime en français. Le breton est interdit en classe, à peine toléré dans la cour. Germaine Le Bihan le susurre à la maison, et rend ses copies dans l'autre langue. Elle grandit entre deux cultures, ou plutôt entre deux mondes dans une région laissée à l'Ancien Régime, comme pour lui faire payer sa chouannerie. La petite Germaine aime les jeux dans la cour, les discussions entre jeunes filles bien plus que les cours théoriques. À neuf ans, elle lit mal, ânonne encore, mais connaît des passages entiers du Nouveau Testament. Elle est une élève moyenne qui ne connaît ni l'assiduité ni l'exactitude parce qu'il y a toujours chez les Le Bihan un bébé à bercer ou du linge à laver. À dix ans, Germaine est envoyée en internat à Pouldergat, un village voisin qui pourtant, dans cette échelle de vie réduite, semble situé à des années-lumière. Un internat de souffrance où la cruauté est une règle, le mépris une discipline. Le régime scolaire n'est pas le même pour tous. À la cantine, on mange en fonction de sa classe sociale. Le repas est maigre si les parents n'ont rien, riche et varié s'ils apportent tout. Dans cet environnement hostile, Germaine devient une femme. Une femme de prière et de morale qui se change une fois par semaine dans son lit, le drap jusqu'au cou pour ignorer son corps. Et par la force des choses, mademoiselle Le Bihan devient une fervente catholique qui lit à haute voix la vie des saints pendant le déjeuner, dans la salle à manger des religieuses, et s'imagine mourir au paradis en servante de Jésus. Une petite missionnaire que la Mère supérieure n'hésite pas à renvoyer chez elle, la veille du scrutin législatif pour aller convaincre ses parents : « Je suis sûre que vous arriverez à changer les opinions de votre père qui veut voter pour monsieur

Le Bail, l'ennemi de dieu ! » On lui reproche d'être une fille du diable parce que chez les Le Bihan, on ne va pas à la messe le dimanche. « À bas les Le Bihan, à bas les institutrices, nous voulons garder nos sœurs, nous garderons nos sœurs, à bas le diable », entend-elle parfois sous la fenêtre de sa chambre chez elle, les dimanches de vote. La voici donc à l'aube du XXe siècle projetée dans les querelles de chapelles, entre laïcs et catholiques, lorsque le rouge et le noir ne font qu'un sang coagulé. Ses parents décident de la changer d'école. À douze ans, elle entre finalement au collège où les premiers mots se veulent rassurants : « Nous ne nous connaissons pas encore, mais demain nous pourrons devenir des conseillères, des amies, à coup sûr des secondes mères pour vos enfants, faites-nous confiance. » Quelques jours plus tard, sa mère Philomène est frappée dans la rue et traînée par les cheveux aux cris de : « À bas les tutrices. » C'est la fin pour elle de la vocation religieuse. La littérature française remplace les pages du Nouveau Testament. La Cosette de Victor Hugo est une nouvelle Marie qui se bat contre la fatalité. « Cette année-là, j'appris une chose importante, que toute ma vie, le livre serait mon ami. » En attendant, le quotidien à Douarnenez prend des allures de roman de Zola. Face aux conditions de travail des plus pénibles, les ouvrières qui travaillent parfois jusqu'à 18 heures par jour et sont payées à la pièce, revendiquent d'être rémunérées à l'heure. Les hommes en mer ne font pas le bonheur des dames. Alors les femmes s'organisent dans les fabriques et lancent dès 1905 un vaste mouvement de grève illimitée qui fait tache d'huile dans la région jusqu'à Concarneau et paralyse tout le secteur.

C'est la Bretagne rouge. On y envoie des renforts de gendarmes. Mais rien n'y fait. Les « Penn sardines » comme on les surnomme, frappent un peu plus fort leurs sabots sur le pavé et finissent par obtenir gain de cause. Un référendum est organisé durant lequel une écrasante majorité d'entre elles votent pour une amélioration des conditions de travail. Douarnenez devient dès lors un symbole des premières luttes féministes en France.

Pas assez riche pour intégrer le lycée de Quimper, Germaine est prise en charge par un oncle instituteur. L'homme l'a vue deux ou trois fois lors des repas familiaux. Il a remarqué chez elle quelque chose de différent. Il veut l'instruire et convainc sa mère de la laisser partir. Elle déménage à Lanrivoaré et suit gratuitement ses cours.

La vie de tracas continue, avec son cortège de trépas. En 1908, son père Nicolas, toujours prompt à lever les voiles de son *En avant*, finit par avoir des douleurs. Des petits rhumatismes qui se transforment en coup de poignards. On ne sait pas trop. Il est gravement malade, « un cancer » diagnostique le médecin d'on ne sait pas trop quoi. Mais Nicolas, pourtant faible, continue de prendre la mer. Au fil des mois, son état empire. On le transporte à l'hôpital maritime de Brest. Dans la carriole, c'est Marguerite, la sœur de son épouse, qui lui tient la main. Car Philomène est encore enceinte. L'*En Avant* n'a plus de capitaine. Qu'à cela ne tienne, à douze ans, son frère, marin dans l'âme et bien bâti, est engagé comme mousse sur le bateau paternel. Il sait déjà tirer les filets. Toujours plus loin ! La tête dans la main, la nuit du deuil, Philomène craque sur la table de la cuisine. Elle peut taper de ses petits poings, il n'y a plus rien à manger. De quoi vont-ils vivre désormais ? Que faire ? Elle a du goût, elle aime la mode, celle des aristocrates du coin, les filles du château de Keranna qu'elle croise régulièrement à la messe le dimanche. Elle est surtout habile de ses mains. Elle coud de plus en plus à ses heures, elle en fera son gagne-pain. La maisonnée devient une petite usine de textile, Philomène accélère la cadence, elle travaille même la nuit s'il le faut. Chemises d'hommes, vareuses, coiffes pour les femmes. Sa sœur Marguerite se charge de la vente sur les marchés. Le vieux grand-père transporte le tout sur la charrette et n'hésite pas à s'improviser camelot. Philomène est veuve et obtient gracieusement au passage le droit d'ouvrir un bureau de tabac. La mère de Germaine est une battante. Tout le monde le dit. « Elle a du courage la brave Philomène ! »

Et pendant ce temps, la plus studieuse de ses filles obtient facilement le certificat d'études. Et Germaine se présente aussitôt au concours d'entrée à l'École normale d'institutrices de Vannes.

« Parlez-moi du Congo ? lui demande l'examinateur.

— Monsieur, excusez-moi, je ne sais rien sur ce pays mais je connais bien la France !

— Alors, dites-moi ce que vous savez du Soudan ! »

LA MALADIE

Le Soudan ne l'a pas inspirée, pas plus que le Congo. La fille de Douarnenez connaît son pays par cœur, jusqu'au moindre détail topographique, mais elle n'a jamais entendu parler des colonies... Elle a marché dans cette Bretagne isolée, jusqu'à la pointe du Raz. Là où la terre s'arrête : « Finistère ». Elle connaît les routes, les ponts, les rivières, les forêts, les lieux-dits, les légendes mais elle ne connaît pas le monde. Son pays s'arrête à Quimper. Après, c'est l'inconnu. Elle quitte Vannes par le train. Un train qui la ramène irrémédiablement chez elle. Il pleut sur les carreaux du compartiment. La campagne verte défile lentement en sens inverse. On l'attend là-bas à Douarnenez. Elle a pris goût pourtant aux belles vitrines de Vannes, peut-être à cette vie citadine, faite d'imprévus. Elle aime aussi cette solitude, cette légèreté, et sans doute la liberté de l'anonymat.

Elle a aimé l'aller ; le train qui s'arrête à chaque gare et qui fait oublier celle qu'on a quittée. Mais elle pleure dans celui du retour. Le train de l'échec social qui la ramène inexorablement à sa réalité familiale. Très affaiblie psychologiquement par cette première défaite, Germaine Le Goff tombe gravement malade pendant cette année 1907. Le médecin diagnostique la fièvre typhoïde. Une maladie mortelle. Clouée au lit pendant plusieurs mois, elle échappe de peu à la mort. On parle d'une miraculée. On dit qu'elle a fait preuve de courage et qu'elle ne s'est jamais plainte. Peut-être, dans son demi-sommeil, Germaine a-t-elle regardé autour d'elle dans la chambre. Peut-être a-t-elle compris que cette vie ne pouvait s'achever là, dans cette pièce crucifiée, froide, triste comme une odeur d'ancien, à l'image de ce vieux parapluie noir posé dans le vase à côté du lit. Elle n'a pas fait tout ce chemin pour rien. Il y a d'autres trains à prendre, et s'il faut elle marchera. La fille de pêcheur possède l'énergie des vivants. Sa force physique, son caractère ont toujours étonné ses proches. « Trop courageuse la petite Germaine. » Celle qui portait deux fagots au lieu d'un sur son dos. Celle qu'on appelle aujourd'hui « notre grande », depuis que la mort à emporté les frères plus âgés. Celle qui veille d'abord sur les autres. Elle n'a pas peur de la nuit qui tombe vite, cette enfant-là, encore moins du crépuscule. La mort attendra car la jeune femme a une mission : la vie. Après une longue période de convalescence, Germaine Le Bihan repasse dans la foulée le concours d'entrée. Un an s'est écoulé et la petite Bretonne a eu le temps de tourner les pages du monde. En juin 1908, elle est brillamment admise à l'École normale d'institutrices de

Vannes et devient aussitôt élève maîtresse. Désormais, elle met tous les atouts de son côté. Elle n'est plus la petite campagnarde de Pouldavid. Sa mère lui a confectionné le plus bel uniforme. Une robe en voile de laine mat, rehaussé de satin, ce qui lui vaut d'être désignée par la directrice comme la représentante des élèves auprès du préfet du Morbihan, lors de sa visite dans l'établissement. La réussite est un tout et l'apparence en fait partie. Germaine Le Goff efface tout ce qui peut rappeler ses origines modestes. Elle n'écrit plus à ses parents de peur qu'on ne découvre son adresse. Elle préfère dire qu'elle n'a pas de famille et raconte qu'elle n'aime pas les vacances pour regarder les autres élèves s'en aller, faute d'argent pour se payer un billet. En fait, à vingt ans, Germaine est déjà une élève différente qui passe du temps seule. Sur son bureau il y a ses livres, ses cahiers et une petite boîte qu'elle ouvre et referme. C'est un cadeau. Un petit coffret des colonies rapporté par un oncle d'Indochine. Et cet objet, rare puisque lointain, en bois sculpté, devient vite pour elle son gri-gri. Une boîte à songes qui laisse échapper des rêves.

RÊVE DE RAISON

À la fin de l'année 1909, Germaine Le Bihan n'a qu'un objectif : devenir institutrice. Elle travaille et obtient des résultats. En français surtout. Elle lit beaucoup. Charles Baudelaire, avec qui elle partage peut-être le goût de l'extraordinaire. Sans doute aussi, un penchant pour le spleen. La Bretagne qui pleure. Elle cite Baudelaire dans ses compositions, au risque de subir en retour les remarques désobligeantes de son professeur de lettres. En 1910, l'auteur des *Fleurs du mal* n'est pas un écrivain à mettre entre toutes les mains. En tout cas, certainement pas un modèle de conduite pour une future enseignante. Germaine Le Bihan prend du plaisir à brouiller les cartes. C'est l'enfance rouge et noire. Car elle aime aussi les vers d'Alfred de Vigny, célèbre, lui, pour ses valeurs chevaleresques. Les quatre années d'études à l'École normale d'institutrices de Vannes

passent, sans difficulté. Elle est une élève studieuse, assez secrète mais altruiste. Elle est aussi la préférée de la directrice qui apprécie chez elle son charisme, cette générosité ou plutôt le « don de soi » chez cette élève qui prend la défense des plus faibles. Qui remonte le moral des troupes et part en guerre contre les injustices. Une jeune fille positive, « saine » qui parle à la première personne pour dire « non ». Une jeune femme affirmée. Et peut-être même plus que ça. Car sans doute aussi, la directrice reconnaît-elle en elle une certaine vocation pour l'enseignement. Des qualités d'aînée, de meneuse d'hommes, d'éducatrice. Quelque chose qui ressemble à ce qu'elle a été. Les trois années d'études se suivent, monotones, sans beaucoup de souvenirs mais Germaine Le Bihan est animée par un seul désir, comme un sacerdoce : « Avoir autour de soi des enfants pleins de vie, des jeunes à instruire, à éduquer, des adolescents à animer par l'espérance. » Et c'est avec une grande satisfaction qu'elle apprend, à l'obtention du diplôme, sa première nomination d'institutrice, sous forme d'une enveloppe officielle émanant de l'Inspection Académique du Morbihan, qui lui parvint plus tôt qu'elle ne l'attendait, au début des grandes vacances. « Dans la maison de Pouldavid, où nous étions nombreux, ce fut un branle-bas de combat général lorsque, dans la cage de l'escalier, je lançai la grande nouvelle : Je suis nommée chargée d'école à SILFIAC ! Je dégringolai les marches pour me trouver dans la boutique où bientôt toute “la bande” s'assembla. SILFIAC ! Ce mot fut répété comme en écho par toutes les bouches. Silfiac ? Silfiac ! On interrogeait, on s'exclamait :
“Où ça se trouve ?

— Jamais entendu ce nom !

— C'est un trou où tu vas te perdre !

— Quelle idée de quitter le beau Finistère pour le pauvre Morbihan." »

Silfiac est un petit point isolé au fin fond du Morbihan sur la route de Pontivy, en pleine herbe fraîche, loin des premières voitures et des vitrines d'agitation. Un hameau de quelques métairies, sans un seul commerce, pas même un café. Il y a juste une école avec soixante-dix enfants qui ont délaissé les champs. La seule ville du coin, Pontivy, est déjà à vingt kilomètres. Et sur la carte routière, Silfiac n'est qu'à quelques centimètres de son Finistère natal.

Dans cette Bretagne reculée, quelques centimètres représentent plusieurs heures de voiture et de train. Et dans les esprits, vu de Douarnenez, le Morbihan, c'est déjà l'autre monde. « Pourquoi as-tu choisi ce département qui n'est pas celui de ta famille ? »

Sa mère inquiète renchérit :

« J'ai peur que vous soyez loin de tout ! » lui reproche-t-elle.

La jeune Le Bihan voit dans cette mutation un signe du destin. Dans « Morbihan », il y a un peu d'elle, de son nom. *Mor-Bihan* veut dire la petite mer en breton. La fille de pêcheur y voit là une heureuse coïncidence. Germaine Le Bihan emmène la mer dans ses bagages en s'enfonçant dans les terres. Le Morbihan sera sa petite mer avant d'affronter le grand océan. Et en effet, le voyage est long entre Douarnenez et Silfiac. Il faut prendre la voiture d'abord jusqu'à Quimper puis monter dans le train, changer à Lorient et attendre la correspondance pour Silfiac. Le périple se termine au trot, à l'arrière d'une carriole. Là-bas, ce n'est plus la Bretagne, mais le pays gallo, où l'on parle une autre langue, jamais entendue : le patois. Au bout encore, il y a cette école, rustique, délabrée, rouillée mais debout, avec des salles de classe, une cour, une cloche, un portail d'entrée. La jeune institutrice retrousse ses manches, laisse de côté les crayons et se procure des rouleaux à peinture chez le voisin qui lui sourit et lui ouvre sa porte. Les premiers jours à Silfiac, elle repeint l'école. De couleurs vives qui contrastent avec le gris du ciel en cette fin d'août 1910. Septembre arrive avec le soleil. La rentrée est lumineuse. Sur le perron, la jeune institutrice accueille ses élèves avec le sourire. Son école sera celle de l'éveil. Une école buissonnière où elle institue d'emblée la promenade quotidienne dans la campagne. Une école où l'on passe du temps dehors. Elle dit : « Je veux des yeux qui voient clair et savent regarder, des oreilles sensibles aux modulations du chant des oiseaux, un cœur réceptif, toujours en mouvement. » C'est ce qu'elle appelle « l'enfance riche des enfants qui vivent dans la nature ». Germaine Le Bihan est une institutrice pas comme les autres. Une dame qui court devant ses élèves sur les petits chemins et qui s'allonge parfois sur le sol pour donner, comme elle dit, « des baisers à la terre d'amour ». Dans cette école, « Mademoiselle Le Bihan », comme on l'appelle, n'arrête jamais. Les journées continuent même après les cours. Du soir au matin, lorsqu'elle se retrouve seule, elle prépare la leçon suivante et invente de nouveaux exercices pour la rendre plus agréable. Pour elle, la grammaire, l'orthographe, les mathématiques et l'histoire sont les quatre piliers de l'enseignement moderne. Elle dicte, interroge, fait répéter mais elle ne punit jamais. On recopie plusieurs fois les fautes. On ne va jamais au piquet. En classe, elle raconte souvent des histoires et invente des héros exemplaires, avec des aventures à épisodes qui ressemblent fort à la vie de Silfiac. C'est François et Françoise, deux amis qui se disputent, se brouillent et se réconcilient lorsqu'ils retrouvent la voie du dialogue. Dans le quotidien d'une petite institutrice de campagne, il n'y a donc pas beaucoup de temps libre. Et lorsqu'il y en a, elle le consacre aux tâches ménagères ou bien à l'amélioration de cet établissement dont elle est fière. Le trait de peinture, c'est, ici, la touche de gaieté. Le poêle à chauffer qu'elle fait réparer, c'est le confort ou plutôt le réconfort. L'école du bonheur, c'est donc tout ce qu'elle n'a pas eu dans son enfance à Pouldavid. C'est avant tout un foyer d'accueil où l'on apprend ensuite. Elle veut que ses soixante-dix élèves s'y sentent chez eux. L'école de la République est la même pour tous. Il n'y aura pas à Silfiac de différences, de classe ou de religion.

L'EXPÉRIENCE DE LA GUERRE

À la fin de la première année à Silfiac, refroidie par un hiver rigoureux et de longues soirées muettes, Germaine Le Bihan tombe amoureuse. C'est le frère d'une de ses anciennes camarades de Vannes. Elle l'a rencontré lors du bal de fin d'année scolaire. Il est instituteur comme elle et enseigne aussi à la petite école élémentaire de Guiscriff. C'est un charmant jeune homme, à la moustache toujours bien taillée, et au complet veston impeccable. Elle le trouve drôle et sympathique. Ils se voient régulièrement une à deux fois par trimestre. Puis, après quelques mois d'une relation à distance, ils décident de vivre ensemble. Sous ses recommandations, elle demande sa mutation à Guiscriff, qu'elle obtient facilement grâce aux bons résultats de ses élèves. Le 5 août 1913, elle se marie religieusement dans la chapelle de Guiscriff avec François

Auffret. Les Le Bihan sont au grand complet. La fête se déroule dans une grange prêtée par un oncle du marié. Une fête bien arrosée qui se termine mal. À la fin du banquet, son fringant époux très éméché entonne le chant qu'il ne faut pas : *Le forgeron de la paix*. Un chant pacifiste qui heurte les bonnes consciences d'une frange de sa famille. Certains de ses cousins, officiers de carrière quittent la table. On est à l'aube de la Première Guerre mondiale, les relations avec l'empire prussien se dégradent et l'heure est à l'union patriotique, pas aux traîtres. Les premiers mois à Guiscriff, petite ville de cinq mille habitants, avec sa boulangerie, son église et sa bourgeoisie, se succèdent dans un bonheur serein. Germaine apprécie enfin le confort d'une vraie maison avec son jardin, ses fleurs et son potager. François y fait installer un poêle à bois et charbon pour chauffer les pièces. Un détail vécu comme une grande avancée sociale en ce début du XXe siècle. Adieu les nuits froides de Silfiac. Mais le confort a un coût. Et son mari se voit obligé de faire des heures supplémentaires chez un notaire pour arrondir les fins de mois et améliorer le quotidien. Ce qu'elle appelle « le luxe de la maison ». Ici l'achat d'un tapis, là celui du nouveau mobilier, là encore l'achat de la vaisselle. La fille de pêcheur s'embourgeoise. La société s'observe. Lentement les gens simples consomment à la comparaison, on veut ce que le voisin possède, les usines tournent et les grèves se succèdent. L'homme vit mieux. Mais la guerre qui éclate en septembre remet les pendules à l'heure. Comme si on avait pris goût au bonheur trop vite. En juin 1914, l'attentat de Sarajevo réveille le vieux contentieux entre la France et la Prusse autour de l'Alsace et de la Lorraine. Pendant l'été, c'est le coup de tocsin. Les cloches sonnent sans discontinuer dans la campagne morbihannaise. Voici venue l'heure tant annoncée du grand départ pour le front, dans les trains verts de la guerre : « Nach Berlin! » Finis, droite et gauche, laïcs et catholiques, pour et contre. De Guiscriff à Paris, les Français n'ont plus qu'un devoir, celui de battre l'ennemi. Lorsque François Auffret rejoint la gare de Vannes, Germaine est déjà enceinte de plusieurs mois. La guerre et l'éloignement du front annoncent des mois difficiles, à vivre dans la solitude. Une solitude qui deviendra vite plus longue et cruelle encore que celle endurée à Silfiac. François Auffret, comme tous les autres hommes, a pris le train des Ardennes. Il a mis son bel uniforme bleu ciel. Il a pris son casque. Il a emporté l'écharpe tricotée pour passer l'hiver dans la tranchée. Mais au bout du voyage, il a attrapé froid. Après quelques semaines seulement, il est rapatrié, victime d'une pleurésie. Il meurt dans la foulée, à tout juste trente-deux ans, faute de soins. À vingt-sept ans, Germaine Auffret se retrouve veuve de guerre. Sa fille Raymonde, dite Monette, porte bien son deuxième prénom, elle est pupille de la Nation et s'appelle France. La disparition de François plonge Germaine dans un chagrin immense. Elle ne supporte plus les nuits froides, les réveils sans mots. Et surtout, elle pense à son enfant. Elle veut lui redonner un père et se remarie trois ans plus tard avec Joseph Le Goff, d'abord pour combler le vide. Cet homme-là est un héros, qu'on surnomme « le miraculé de Verdun ». Il est revenu de l'enfer, des galons sur la poitrine, croix de guerre et cinq étoiles. Mais il fait profil bas. C'est aussi un instituteur, nourri de paix et de liberté. Il accepte de l'épouser, mais lui fait promettre une chose. « Pendant quatre ans, dit-il, j'ai vécu de telles horreurs que j'ai juré de ne jamais mettre un enfant sur la terre. » À la fin de la guerre, ils sont aussitôt mutés dans une ville voisine pour changer d'air et d'environnement, Réguiny. Avec Joseph, optimiste de nature, scientifique et créatif, elle renoue quelque temps avec le bonheur. Joseph peint, dessine, sculpte et redonne de la couleur au foyer. Mais Réguiny n'est malheureusement pas l'Éden, pour un couple d'instituteurs venu de l'étranger. Ici, les veuves portent le deuil et ne quittent pas la voilette. Le bonheur se referme derrière les volets clos. La révolution n'a que cent ans, et l'on murmure que les habitants de Réguiny n'ont pas caché leurs sympathies royalistes. On dit aussi que la chouannerie a été très active dans la région. Une terre pauvre partagée entre deux ou trois familles. À Réguiny, la mairie n'a pas tout à fait remplacé le presbytère. Et chaque dimanche, dans sa chaire, le curé de la paroisse fustige, doigt levé au ciel, « ces voleurs de biens d'Église que sont les instituteurs ». Les Le Goff l'appellent le « dictateur en robe de prêtre ». C'est la terreur anti-laïque. Le serviteur de Dieu mène une guerre sournoise au couple d'instituteurs, bruyante à l'église, chuchotée au café, et qui se répand de la ville à la campagne comme une traînée de poudre. On fait pression sur les familles. On refuse l'extrême-onction à certains mourants. Ceux qui ont osé inscrire leurs enfants à « l'école du diable ». L'institutrice laïque, encore pratiquante à ses heures, se heurte à l'extrémisme religieux. La guerre est passée et rien n'a changé. Même si à Réguiny, comme à Paris, c'est un signe, la vie a repris ses droits. Et l'on dénonce dans la presse, comme aux époques fastes, la décadence morale du pays. Mais l'institutrice ne lit pas les journaux, ne va pas dans les cafés et n'écoute pas le qu'en dira-t-on. Elle n'a qu'une religion : l'école. Son sacerdoce, c'est l'instruction. Et il n'y a pas toujours de la place pour Dieu dans cette foi-là. Le dimanche, il n'y a pas de jour du Seigneur car on prépare déjà la rentrée du lundi. « Instituteur, le plus beau des métiers. Des questions se posent. On arrive, on aime, on se dévoue, on part, mais on se souvient : des visages que l'on continue à voir, des voix qu'on entend, des phrases entières criées ou murmurées qui s'accrochent au cœur ou à l'esprit. »

1918-1931 : L'ENVOL

Printemps 1921. Le soleil caresse la campagne morbihannaise, avec les petites gouttes du dégel sur les fougères. Sur le chemin de l'école, on entend l'enfance qui sautille. Trois ans ont passé. Le vieux curé est toujours là mais le Morbihan a basculé à gauche. Et le couple d'instituteurs s'est installé à Réguiny. La petite Monette a grandi. Elle court désormais dans les champs avec la fille du voisin. Par une belle journée de mai, les Le Goff reçoivent un cousin. Il s'appelle Arthur Kéruzoré. Il est pharmacien militaire et sa femme, Mina, est une amie d'enfance de Germaine. Ils ont envoyé un télégramme pour prévenir de leur arrivée. Ils feront une halte à Réguiny avant de rejoindre Douarnenez. Ils reviennent d'un long séjour en Afrique-Équatoriale française. Les retrouvailles se font dans la joie de la famille recomposée. Si loin, si près. Durant le déjeuner, dehors sur la table improvisée, Mina parle beaucoup. Elle est aussi institutrice et elle raconte avec emphase les journées d'enseignement là-bas, dans la petite école primaire de Brazzaville. Elle décrit cette école, sa classe : une grande pièce avec juste un toit de paille au-dessus, sans porte, ni même un carreau à la fenêtre. Il fait trop chaud, il faut laisser passer l'air. Les Le Goff se taisent, ils écoutent. Pour une fois qu'on leur raconte des histoires sans crachin ni malédiction. Mina donne toujours plus de détails pour rendre le charme de cette vie exotique. Pendant ce temps, le cousin Arthur fait glisser, de main en main, quelques photos qui plantent le décor. Avec dessus, un paysage de l'autre monde. Sur l'une d'entre elles, Arthur et Mina posent entre deux palmiers, en tenue blanche, élégants, du casque aux chaussures. Les instituteurs de Réguiny découvrent qu'une vie existe, sans poêle à chauffer, sans guerre ni politique. C'est la vie sous les tropiques, comme on dit, l'outre-mer, loin du vent, de la pluie et des hivers gelés, loin des sarcasmes et des luttes stériles. « Pourquoi pas vous ? insiste le cousin Arthur. Les salaires sont très alléchants. La paye est le triple ! Vous aurez la vie facile. En plus, les colonies recrutent, la France a besoin d'éducateurs. La mission civilisatrice est en marche. Et l'Afrique, finalement, ce n'est qu'à quelques jours de bateau. » La visite du cousin Arthur ressemble à ces ouragans qui dévastent tout sur leur passage. Que reste-t-il, après, des bonnes volontés ? Le printemps breton ressemble à un hiver de plus. Il pleut encore et les gros nuages noirs qui arrivent de l'océan annoncent d'autres mauvais jours. L'Afrique est passée et elle est repartie vers Douarnenez. Trois semaines seulement vont se dérouler avant que Germaine et son mari ne décident finalement de renoncer à cet hiver sans fin.

À la mi-juin, ils envoient, à tout hasard, comme une bouteille à la mer, une demande de détachement auprès du ministère pour l'Afrique-Équatoriale française. Ils pensent à Brazzaville. Ils veulent connaître les mêmes palmiers, revêtir les mêmes tenues. Être loin de Réguiny. La réponse ne se fait pas attendre. Elle ressemble au destin. « L'Afrique-Équatoriale française ne recrute pas encore de ménages d'instituteurs, mais en revanche le gouvernement de l'Afrique-Occidentale française agrée votre demande, un poste se libère au Soudan. Cette nouvelle-là, c'est un peu le deuxième tocsin de l'armistice. Les cloches sonnent dans les cœurs. Finies les humiliations, « Adieu méchant curé, écrit Germaine Le Goff dans son journal, grâce à votre attitude anti-chrétienne, et antisociale, vous nous avez éclairé. Certains problèmes sont insolubles quand on est pauvre. La liberté n'existe pas. On dépend toujours d'un homme plus riche et plus puissant, ou d'un dictateur forcené comme vous, monsieur le curé de Réguiny. » Dans son esprit, Germaine Le Goff fera là-bas, ce qu'on ne lui a pas laissé faire ici. Une école libre, sans sectarisme, où l'enseignement sera neutre. L'Afrique sera le laboratoire des grandes idées. « Il ne faut jamais faire d'un enfant un engagé à œillères. La vie est non seulement un choix mais une succession de choix, laissons à l'homme son libre arbitre, car c'est seulement dans ce cas qu'on peut parler de libre arbitre. »

Ils reçoivent la visite du chef de service qui tente une dernière fois de les convaincre de rester. Il promet de leur confier dès la rentrée scolaire une école plus importante, à Locminé notamment, chef-lieu de canton. Il les rassure aussi en insistant sur le fait que leur œuvre éducative sera poursuivie à Réguiny par un couple d'excellents enseignants. Mais, c'est beaucoup trop tard, les Le Goff ont déjà fait leurs valises. Comme son père marin, c'est un peu l'appel du large, les promesses d'un horizon meilleur qui happent Germaine. Le grand portail de la petite école de Réguiny s'est refermé sur les vacances d'été. Pour le couple Le Goff, ce sont les dernières à Douarnenez avant le grand saut dans l'inconnu. Le Soudan est une région de l'Afrique-Occidentale française située aux portes du Sahara. C'est tout ce qu'ils savent. L'Afrique, c'est quoi à Douarnenez en 1921 ? Des hommes noirs qui ressemblent aux tirailleurs des affiches Banania, des lions, des reptiles ? La nouvelle plonge la mère de Germaine dans un profond chagrin. Elle a perdu son mari et cinq enfants et doit désormais oublier « sa grande ». Elle ne la verra plus, déjà qu'elle ne la voyait pas beaucoup. Pourquoi aller si loin ? La veuve du pêcheur, qui travaille encore, dans son bureau de tabac, n'a plus la force de s'imposer contre le choix de sa fille. Et ce n'est pas dans la culture des Le Bihan. Elle est à l'automne de sa vie, et sa fille, elle, n'en est qu'au printemps. Elle se prépare à vivre un long été. « Adieu cimetières », pense d'ailleurs tout bas, à l'heure de quitter sa Bretagne natale celle qui petite avait écrit dans son cahier : « Je rêve d'aventures et de terres lointaines. »

LE VOYAGE

Au moment où les Le Goff s'apprêtent à quitter leur Bretagne natale, un nouveau vent de révolte souffle sur Douarnenez. Cette fois les sardinières n'en démordent plus. Trop c'est trop. Les salaires sont très bas. La vie trop chère et le poisson commence à se faire rare. Les nuages s'amoncellent à l'horizon. Joséphine Pencalet, syndicaliste des Métaux de Douarnenez prépare un nouveau coup de force contre les familles régnantes, les patrons sardiniers. Son nom en Breton, *Penn kalet,* signifie « tête brûlée » ou « têtue ». Cela fait sourire Germaine, dont le nom d'emprunt « Le Goff » signifie pour sa part « forgeron ». L'insurrection se prépare clandestinement. Les grèves sont prévues dans quelques mois. Mais en août 1923, loin du tumulte qui s'annonce, la petite famille au grand complet, Germaine, sa fille Monette et son mari Joseph embarquent à

Bordeaux, en première classe sur le paquebot *Belle-Isles*, de la compagnie des Chargeurs Réunis. Ils ne sont pas tout à fait rassurés. Deux ans et demi avant, dans la nuit du 12 au 13 janvier 1920, un navire de la même compagnie a coulé, l'*Afrique* a fait naufrage au large des côtes vendéennes. L'accident de ce navire a été surnommé le « Titanic français » par la presse hexagonale. 570 personnes ont péri noyées. Parmi les victimes, près de 200 tirailleurs sénégalais qui revenaient de la Grande guerre. Le navire était en bon état, il n'avait que 12 ans, sauf que pendant toutes ces années, il n'a cessé d'effectuer les traversées entre l'Afrique et Bordeaux, transportant passagers et marchandises. Des escales trop courtes, trop peu de temps de repos pour le personnel. Mais l'époque est à la reconstruction. Qu'est-ce que 570 naufragés au sortir d'un conflit mondial qui a englouti 20 millions d'hommes, dont un million et demi de soldats bleus horizon ?

C'est la première fois que les Le Goff pénètrent dans un bateau d'une telle dimension. Ce n'est pas le grand confort. Mais à bord, les cabines 1res classe sont spacieuses et la salle à manger lumineuse, est ouverte sur le ciel et la mer. Le voyage dure plusieurs jours. Le navire fait escale à Alger d'abord, puis Madère et Casablanca avant de faire route pour Dakar. Au fur et à mesure de la lente descente vers l'Afrique, le ciel se fait plus bleu, le soleil plus intense, la côte plus aride. L'Afrique est noire comme les premiers rochers qu'on aperçoit du pont. Germaine Le Goff et son mari sont souvent dehors à regarder l'horizon, accoudés à la balustrade, dans le passage, à l'abri du vent qui fait claquer les portes. C'est le premier grand voyage. Les multiples fanions tricolores accrochés aux deux mâts flottent gaiment au vent. Les Le Goff s'apprêtent à découvrir l'empire. Et ce navire élégant qui fend la mer rappelle les photos de la réussite industrielle française. Celle d'une grande nation. Face à la houle agitée, Germaine Le Goff pense sans doute à son père, à Douarnenez et aux pêcheurs du Finistère. C'est seulement à l'intérieur du navire, lors des repas, qu'elle fait connaissance avec cette terre inconnue, leur nouveau monde à eux. À table, elle pose beaucoup de questions. Et des passagers disent que la vie est plus facile. Et que ce n'est pas rose. La plupart sont de vieux habitués qui reviennent d'un séjour en métropole. Certains y font des affaires, d'autres sont allés visiter leur famille à Bordeaux. Ils ne parlent pas beaucoup des gens, ou seulement de leurs « boys ». Le cousin Arthur lui a raconté. Les boys sont des serviteurs de couleur. On lui dit aussi que les paysages sont magnifiques mais qu'il n'y a rien à faire. Le progrès est lent de ce côté-ci du globe. Ce sont des plaintes qui ne ressemblent pas forcément aux descriptions enjouées des cousins. Des plaintes qui contrastent avec la beauté autour. Cette mer qui promet l'avenir. Elle écoute. L'Afrique, c'est peut-être autre chose que le rêve brisé d'une autre France. Le dernier soir, un mousse vient leur remettre un télégramme. Il provient de la direction de l'enseignement général en A.-O.F. Dessus, en quelques mots dactylographiés, il est écrit que leur poste d'affectation se trouve à Djenné, mais que l'inspecteur général du Soudan les attend d'abord à Bamako. Ils ne connaissent pas Djenné. Ils n'ont jamais entendu parler de Djenné. Où est Djenné ? Sur la carte du continent, affichée dans le hall d'entrée du ferry, ils découvrent avec étonnement que la ville se situe à plusieurs centaines de kilomètres de Dakar. Un tout petit point noir très éloigné de la mer avec au milieu une longue plaine jaune que Joseph Le Goff appelle déjà « la brousse ». Le voyage sera long, la distance représente plusieurs jours de périple. Ils sourient, car au milieu, c'est l'Afrique. L'arrivée au port le matin très tôt, bercée par les moteurs au ralenti, est un réveil « au pays du changement ». Devant eux, il y a un très long quai avec des dizaines de navires qui fument. Derrière, on aperçoit des allées de palmiers et les premières villas blanches de Dakar. Le débarquement se déroule dans l'agitation des voitures qui klaxonnent et des hommes qui courent autour, en faisant rouler des sacs de lin. Il fait très chaud. Une chaleur humide qui imprègne les vêtements. Dans la cohue, Germaine Le Goff et son mari avancent lentement comme des automates. Dakar est une ville grouillante qui ne ressemble pas tout à fait à l'image qu'ils se sont faite de l'Afrique. Il y a des rues, des places, des jardins publics, des lampadaires, et surtout beaucoup d'hommes blancs. Du port, ils marchent une centaine de mètres avant de rejoindre, au bout, la gare. Le bâtiment est un splendide exemple de l'architecture coloniale, avec une longue façade rouge et ocre. Ils prennent un billet pour Saint-Louis. Saint-Louis ? Les professeurs connaissent. C'est la gloire de l'empire français, l'ancien comptoir, là d'où tout est parti. Dans le bateau, on leur a recommandé le trajet. Ils ne perdent pas de temps. Ils fuient l'agitation. Dakar ne les inspire pas. Les Le Goff rêvent d'autre chose, de paysages qui ressemblent à ceux des manuels scolaires de géographie. Ceux qu'ils ont feuilletés juste avant le départ, dans un songe de rivière calme et de promenade en pirogue. Ils sont épuisés par la traversée, le poids des valises et la chaleur écrasante. Le convoi croise quelques villes avant de s'enfoncer dans une campagne aride, puis longe la côte. Au bout, il y a la ville de Faidherbe donc. De la fenêtre, ils entrevoient le fameux pont qui porte son nom. Ils y restent une nuit à l'hôtel de la Poste juste à côté et repartent au petit matin. Ils ne doivent pas rater l'unique bateau qui, une fois par semaine, remonte le fleuve Sénégal jusqu'à Kayes à la frontière avec le Soudan. Commence alors le début de la vraie confrontation avec l'Afrique. Le voyage est une expédition. La vie à bord n'a rien à voir avec celle sur le ferry. Les douches sont communes. Les cabines étroites. La chaleur humide se fait plus écrasante à mesure qu'ils s'enfoncent dans les terres marécageuses. Les moustiques font leur apparition, eux qui « accourent comme une armée ennemie sucer le sang de ces étrangers qui violent leur royaume », écrit-elle. Des moustiques qui arrivent avec la nuit, lorsque le soleil tombe au bout de l'horizon, et que les étoiles illuminent le ciel. À Kayes, ils reprennent le train. À l'arrêt, la tôle de la vieille locomotive brûlée par les rayons du soleil semble fondre par endroit. Un train qui traverse des rivières, lentement, sur de longs viaducs, et les emmène dans la poussière ocre du Sahel à l'ombre des manguiers du Soudan français. À Bamako, ils sont accueillis par l'inspecteur de l'enseignement qui les attend sur le quai. Il est venu les chercher en personne avec sa Citroën rutilante, toute neuve acheminée par bateau depuis le continent. C'est un homme gai, bavard et plutôt bon vivant. Une personnalité rassurante.

L'homme aime son pays. Il les installe chez lui dans une aile de sa confortable demeure. Ils y reprendront des forces et écouteront ses derniers conseils avant de repartir pour Djenné. Quelques jours de repos, où le couple Le Goff, pour la première fois, goûte aux joies faciles de la vie coloniale, rythmée par le traditionnel apéritif, en fin de journée. On y boit du Martini ou une petite anisette de Marseille. Germaine refuse l'alcool, c'est une éducation. Elle est impressionnée par toutes ces bouteilles. À Bamako, on trouve de tout, à profusion. Un jeune homme noir, tout sourire lui sert ainsi qu'à sa fille un verre de sirop d'orgeat. « Ce n'est pas de l'alcool madame ! » précise-t-il. Les apéritifs se suivent. L'occasion de revêtir la robe de Paris – enfin, un modèle du genre confectionné à Douarnenez. Un temps fort de la vie sociale coloniale marquée souvent par des visites impromptues. Des voisins, qui ont entendu parler de ce petit couple d'instituteurs bretons en route pour Djenné. On veut voir le visage des métropolitains. Le matin du départ, dans son bureau, l'inspecteur général précise l'objectif de la mission : « Vous êtes attendus dans un établissement pilote. Le gouverneur général veut des jeunes filles autonomes. Vous devez recruter dans cette école les meilleurs éléments et renvoyer les autres chez eux. Pas de temps à perdre ! La France veut des femmes évoluées, des sages-femmes et des infirmières. Mais attention, pas des intellectuelles ! » Quelques heures plus tard, les voici enfin sur le bateau en route pour Djenné. Juste avant de larguer les amarres, ils ont observé longtemps la Citroën repartir à vive allure le long des quais. À Djenné, il n'y a pas de voiture, les a-t-on prévenus. Lentement, le Banni fend les eaux du Niger. « Un fleuve qui ressemble à une petite mer, lorsqu'on ne voit plus les rives ». Et la Citroën s'éloigne jusqu'à devenir un point microscopique. Bientôt, il n'y aura plus trace de la France. Déjà, sur le bateau, il n'y a qu'eux et les jeunes matelots noirs. Il n'y a qu'eux et aucun touriste. Le bateau s'enfonce et petit à petit, là, l'Afrique apparaît, sauvage. Le long des rives, les hippopotames nagent en groupe désordonné. Sur les bancs de sable, des crocodiles font la sieste sur le dos. Puis le soir, des centaines de flamants roses glissent sur l'eau, pas très loin du bateau. C'est l'Afrique, enfin, qui se présente à eux, des milliers de kilomètres après, dans sa réalité généreuse. Parfois des nuées d'enfants courent le long des rives en les apostrophant joyeusement. « Toubab », le mot résonne au loin comme un cri de ralliement. « Cela veut dire Blanc », dit un mousse en riant. Blanc ? Germaine regarde ses pieds, son bras, sa peau de « celte » parsemée de taches de rousseur. Elle sourit. Le soleil a déjà laissé une trace rouge sur son bras. Les voici donc sur le continent de la différence. Germaine et son mari comprennent qu'ils sont au bout du long voyage. « Éprouvant, éreintant même », s'exclame Joseph en tapotant la poussière sur sa veste beige, avant d'ajouter « mais tellement féérique ! » Le cousin Arthur ne leur a pas raconté d'histoires. Ici, c'est la promesse d'une vie nouvelle. C'est au chant des piroguiers, à la tombée de la nuit qu'ils découvrent les petites lumières scintillantes de Djenné au loin. On discerne dans la nuit la forme élancée et massive de la grande mosquée. Cette mosquée dont on leur a tant parlé, plus vieille que Douarnenez. Sous la lumière diaphane des étoiles, la ville ressemble à un conte des mille et une nuits. On dit que c'est un carrefour, le passage obligé des bédouins en route pour Tombouctou.

À l'arrivée, sur la berge, un seul homme les attend. Les matelots l'appellent « le grand commandant ». C'est l'administrateur civil, la seule autorité française dans cette ville mauresque, musulmane et autonome depuis toujours.

DJENNÉ LA RELIGIEUSE

Au début, la vie à Djenné ressemble à un conte de fée. Quelques jours seulement. Le modeste couple d'instituteurs débarqué de province accède au rang de notables de la colonie. Le vertige est là quand on a vécu la misère, les fins de mois difficile, la lutte, le froid. Les Le Goff observent le sort que la république leur réserve, eux les gens de Douarnenez. Dans cette ville retirée du Soudan, les Français ont tous les droits, tous les privilèges. La maison en pisé d'abord. Vide, elle ressemble à un petit hôtel déserté. Plusieurs étages, des chambres, des pièces en enfilade, une grande cuisine, des meubles d'artisanat, un petit jardin et aussi un boy. Les voici servis avec des gants. « Vous verrez, vous vous y habituerez très vite », leur dit-on. Germaine ne dit rien, ou plutôt si, à Joseph. C'est à lui qu'elle exprime sa joie. Elle ne veut pas montrer aux autres cette fierté qui l'envahit. Elle, la petite fille de pêcheur, devenue maîtresse de maison, avec de l'autorité et du personnel. Elle ne montre pas ce qu'elle ressent lorsque, pour la première fois, elle reçoit chez elle la bonne société de Djenné. Dans le fond, c'est donc ça, le bonheur, le bonheur au mérite comme on dit. Chaque matin, on apporte du marché les plus beaux fruits, les meilleurs légumes, la viande fraîche. Difficile de ne pas y prendre goût, lorsqu'on a vécu des hivers près du poêle à chauffer, à repriser les trous de la misère en attendant la soupe au lait. Le bonheur, c'est ce jardinier-là qui cultive les tomates et taille la haie devant la villa. C'est cette cuisinière qui écosse les haricots, bat le mil, épluche les oignons, éteint le feu et installe la table sur la terrasse. C'est le poisson de la dernière pêche, le riz, le poulet, les œufs de la ferme. Un bouquet de fleurs dans un vase en terre. Les premières semaines à Djenné sont douces comme une saison. Le soleil est là le matin, lorsqu'on lève le store. Le vent léger aussi qui caresse la terre et penche la tige des fleurs. La robe est légère, infidèle pourtant. Djenné est une cité d'hommes. Une ville que l'on traverse à cheval, sur un mulet, et parfois même à dos de chameau, les jours de marché, chaque lundi avant de rejoindre la route de la transhumance. Une ville de caravaniers, que l'on dit apatrides et guerriers, mais unis par un seul Dieu tout puissant. Ici, les hommes sont enturbannés, les rares femmes sont voilées. Djenné est au carrefour des civilisations, mais à l'ombre de l'Occident. Dans ce coin-là, aux portes du désert, où l'on compte plus de mosquées que de villages, où la vie semble réglée comme une horloge depuis des siècles, l'école est coranique. Le reste n'existe pas. Encore moins lorsqu'il s'agit d'un établissement pour jeunes filles. D'ailleurs, les débuts sont difficiles pour l'institutrice un brin timide et déboussolée par cette nouvelle réalité. Les parents refusent d'inscrire leurs enfants à « l'école des Blancs ». Les filles sont très utiles au foyer, lorsque les hommes sont sur les routes. On préfère y envoyer les enfants d'esclaves plutôt que les siens. L'instituteur français, c'est l'ennemi du prophète. À Djenné, les hommes et les femmes ne se croisent pas. Et si la nouvelle école française se veut mixte, en réalité, elle ne l'est pas. Deux bâtiments se font face. Les filles d'un côté, les garçons de l'autre et la cloche au milieu. Joseph Le Goff s'occupe des garçons, Germaine des jeunes filles. Elles ont entre cinq et dix ans, ne savent ni lire ni écrire. Le Français, c'est l'autre, le Blanc, le toubab. Aux premières heures de classe, la communication est difficile. Et Germaine Le Goff comprend vite qu'il faut d'abord instaurer le dialogue avant d'imposer quoi que ce soit. Pour nouer le contact, elle institue d'emblée le chant du matin qui doit égayer la journée. Les jeunes élèves sont invitées à entonner les chants traditionnels. Des chants qu'elle ne comprend pas et qui ont pourtant du sens. « Tion lé co, tion lé co, i né di a pi, cocodi cocoda, i né di a pi. Cocoda hihs », chantent-elles en chœur, le sourire au bout des lèvres. « Tuons le coq, tuons le coq, il ne dira plus cocodi, cocoda, il ne dira plus cocoda hihs. » « Tuons le coq ! », un refrain symbolique dans cette ville sous domination française. D'ailleurs, très vite, l'institutrice doit faire face aux premières résistances, accentuées par la méconnaissance de la langue française. Avant d'enseigner sa propre langue, Germaine Le Goff sait qu'elle doit se faire comprendre dans la leur. Elle les écoute parler. Elle apprend le nom des fruits, des vêtements, des objets de la vie quotidienne mais surtout de leur réalité à eux. « Peut-on parler de roses et de chênes dans un pays d'hibiscus et de baobabs ? » se demande-t-elle. Les manuels scolaires français ne sont pas adaptés à cette réalité-là. Au premier chapitre du seul livre qu'elle possède, on décrit les différentes pièces d'une serrure. Mais à Djenné, il n'y a ni porte ni fenêtre. Qu'est-ce qu'une serrure ? Il faut faire avec les moyens du bord, sans cahier, ni stylo. Les articles scolaires se réduisent à une ardoise et une craie. Le jeu du mime devient rapidement sa méthode. Presque naturellement, les gestes font naître des mots. La maîtresse fait répéter ces mots, dans un exercice de phonétique qui consiste à obtenir le son parfait, la prononciation sans accent. La méthode est ludique et lui rapporte des sourires. Lentement, patiemment, la jeune institutrice se fait accepter. Mais les premiers mots sont là aussi pour exprimer le mécontentement. Et dans la bouche de ces enfants, ce sont les parents qui parlent. « Je vais à l'école, papa pas content. Maman non plus. » Le soir après les cours, Germaine va à la rencontre de ces familles. Elle veut se présenter, discuter et comprendre. Peu la reçoivent. Et derrière les murs, les paroles sont accusatrices : « Il faut avoir les yeux secs pour me prendre mes filles ! Qui donc désormais pilera mon mil, gardera mon petit Abdou, courra me chercher de l'eau ? » Un climat hostile, inattendu. En métropole, on parle des bienfaits de la mission civilisatrice. À Djenné, « la ville aux 313 saints », la civilisation est là, déjà, plus que millénaire. Germaine tourne les pages rongées par les termites du vieil usuel d'histoire et de géographie laissé dans la bibliothèque par les prédécesseurs. Djenné figurerait parmi les plus vieilles cités d'Afrique de l'Ouest, fondée vers 250 avant J.-C. Sa population atteignait 10 000 habitants environ vers l'an 800. Djenné « cité bénie » de l'islam lit-elle, car liée aux quatre premiers califes célèbres pour avoir été les propagateurs du message du prophète jusqu'en Abyssinie. Ils sont aussi les protecteurs des trois villes saintes de l'islam sunnite que sont La Mecque et Jérusalem, et surtout Médine, la cité-État des premiers temps de l'islam, la ville où repose le Prophète. On raconte même que Djenné fut l'un des grands marchés du monde musulman, là où se rencontraient les marchands de sel provenant des mines de Teghâza et ceux qui apportaient l'or des mines du Bitou. Même le grand explorateur René Caillé évoque « l'île de Djenné » dans ses mémoires, où le califat de Seeku Amadu Buubu Bari avait été selon lui, l'un des exemples les plus aboutis d'un État islamique dans l'espace malien. La jeune institutrice bretonne apprend l'Afrique lentement puis s'interroge. Elle doute de sa mission mais ne dit rien à Joseph. Que font-ils ici ? À quoi sert cet enseignement ? « Pour toi nous lisons, nous écrivons, nous comptons, nous parlons, et toi, tu ne nous donnes rien », reprochent d'autres élèves. « J'ai compris à cet instant, écrira-t-elle plus tard, qu'instruire des filles pour un milieu inculte, c'est peut-être mettre la charrue avant les bœufs. Apprendre à lire ? Mais pour lire quoi ? Il n'y a pas un seul livre à Djenné, ni même un journal ! Quant à l'étude de la langue française, il faut bien avouer que c'est pour les filles de la brousse une étude de haute fantaisie. Le rôle éducatif est plus urgent que la tâche enseignante. Il faut leur donner des habitudes d'ordre, de propreté, des connaissances usuelles, la pratique de l'hygiène. Il faut éveiller en elle leur dignité. Un foyer sans femme est triste comme une nuit sans lune. Être fière d'être femme, c'est du même coup souhaiter être une femme utile et bienfaisante. »

Heureusement, les nouvelles venues de métropole sont bonnes. La famille va mieux, alors que Germaine commence à envoyer régulièrement des mandats pour améliorer le sort des siens. À Douarnenez, les ouvrières ont elles aussi obtenu des augmentations de salaire après une longue grève de plusieurs mois. Les différentes tentatives pour casser le moral des sardinières ont toutes échoué. La violente répression de la garde montée n'a pas suffi à décourager ces femmes « bornées », comme les « patrons » les qualifient parfois. Germaine a vu sa mère, sa tante Emma aussi battre le pavé sous le crachin. Elle n'a pas oublié les cris et les coups qui pleuvaient en retour. Mais l'abnégation paie toujours. Elle entend le chant interdit, « Saluez, riches heureux ». Au refrain simple et facile à retenir. À tel point que certaines ouvrières étaient licenciées pour l'avoir entonné à l'usine. « *De bon matin au lever de l'aurore. Voyez passer ces pauvres ouvriers. La face blême et fatigués encore. Où s'en vont-ils ? Ils vont à l'atelier.... Petits et grands, les garçons et les filles. Malgré le vent et la neige et le froid/ Jusqu'aux vieillards et mères de famille. Pour le travail ils ont quitté leur toit. [...] Tous les jours, ouvriers et ouvrières ; sont-ils certains de revenir le soir.* »

LE CHOC DES CULTURES

« Toi blanche, nous noires ». La phrase revient souvent dans la bouche des élèves. Elle marque la distance, l'incompréhension, le mur à ne pas franchir. Mais l'institutrice française ne se décourage pas. Elle veut démontrer qu'elle peut apporter d'autres valeurs et peut-être même changer quelques mauvaises habitudes. Dans le foyer « indigène » et musulman, la femme est soumise, selon elle. C'est un constat rapide. À Djenné, la femme se cache, tout le temps. Et les hommes disent que c'est de la pudeur. Cette femme qui baisse les yeux devant le regard d'un homme. Cette femme qui cède sa place à table et prend ses repas à des heures différentes. Cette femme encore qui, dans la rue, change de trottoir. Qui est cette femme ? Germaine découvre lentement le vrai visage de la polygamie. Les fillettes racontent. La douleur de la mère lorsque le père impose au foyer sa nouvelle fiancée. « Ça c'est pas bon, c'est mauvais », disent-elles, le visage grave. Les jeunes élèves donnent aussi des détails sur les humiliations quotidiennes. Aïda raconte que la deuxième femme de son père refuse de lui donner à manger. « Tu veux du couscous, c'est moi qui l'ait fait, ce n'est pas ta mère ; va-t'en, je ne t'en donnerai pas. » « Femmes blanches heureuses ! », entend l'institutrice. La polygamie, c'est aussi Djibril l'interprète qui a quatre femmes et parle ouvertement de sa difficulté à honorer chacune d'entre elles. « Le plus dur, explique-t-il, c'est surtout de faire en sorte qu'aucun amant ne profite de mon absence pour visiter l'une d'entre elles, lorsque c'est le jour d'une autre. » Le soir, dans son journal, Germaine Le Goff prend des notes. C'est un journal décousu, où elle dit tout ce qu'elle ressent : « Les femmes africaines se soumettent à la volonté du mari et leur révolte ne dure pas longtemps. Cette soumission au mari, à la future belle-mère, aux futures belles-sœurs, semble en Afrique noire la condition nécessaire à la paix. » Dans la bouche de ses jeunes élèves, la femme blanche est fière, paresseuse, capricieuse et autoritaire. « Voudrais-tu faire la dame blanche ? » dit-on à celle qui prend des airs. À côté, l'homme blanc n'existe pas, il n'est qu'un « chaland tiré par des mains de femme, une corde qu'elle tire, un souffle, une cendre, une coque d'arachide vide ». À Djenné, les deux mondes se croisent sans se rencontrer. Et quand, ils se rencontrent, c'est un viol, à l'image d'une petite métisse, conspuée par ses camarades dans la classe. Anita est la fille d'une mère inconnue et d'un commerçant syrien qui l'a abandonnée. À Djenné, le métis, c'est le fils de l'impur qui porte la trace de l'envahisseur. Cet enfant-là est un être inférieur, « ni pur africain ni conquérant blanc » qui termine bien souvent en esclave du clan. Anita va à l'école. Germaine Le Goff l'a inscrite après l'avoir remarquée dans sa famille d'accueil. Anita, c'est un peu sa fille adoptive, sa protégée à qui elle finit par rendre la fierté. C'est une question naïve d'une écolière sur la couleur de peau du Dieu Allah qui lui donne en l'occasion : « Écoutez les enfants, il n'est ni blanc, ni noir votre Dieu, il a la couleur de peau d'Anita ! » Difficile pourtant de faire passer le message. Car si Djenné est aussi une ville cosmopolite, commerçante, ouverte soi-disant, il n'y a ni police ni prison, tout juste quelques ruines de l'ancien mur d'enceinte. On y entre certes par une grande porte. Mais le dédale de ses rues labyrinthiques fait revenir inexorablement à la grande mosquée. Et les idées s'évanouissent dans les rumeurs. À Djenné, on chuchote, on ne parle pas. Il y a la réalité des habitants, et celle des colons. Les Français n'ont pas confiance. On craint les yeux du mépris derrière le foulard. Dans les années 1920, de ce côté-ci de l'empire, la France est en sursis et on le lui fait sentir. Germaine Le Goff surprend un jour l'administrateur civil en train de renverser du bout de sa botte un étal de fruits et légumes, sur la place du marché, parce que la vieille marchande vient de refuser les francs de son domestique. On ne refuse pas l'argent du colonisateur, même quelques centimes pour des cauris, la monnaie locale. « Il n'est pas bon de naître noir ! dit-elle un jour à l'administrateur, lors d'un apéritif.

— Non, c'est un fait. Il n'est pas bon de naître noir, lui répond ce dernier.

— Et vous acceptez cela, vous qui êtes chrétien, un enfant de Dieu ! »

Lentement, Germaine Le Goff découvre la réalité d'une société traditionnelle pas tout à fait prête à accepter son féminisme à l'occidentale. Elle écrit dans son journal : « Pays des cauris, pays de la côte d'agneau à deux sous, pays de la calebasse et du mortier, pays de l'analphabétisme, n'est-ce pas haute fantaisie d'instruire des filles qui ont à vivre la vie de leurs mères, des femmes africaines depuis des millénaires (...) Pour les encourager au travail, je leur montre parfois les cahiers, les dessins de ma fille, une enfant comme elles, et toujours j'entends... dès le début, quand elles ne connaissent encore que quelques mots de la langue étrangère : Elle Blanche – nous Noires. Leurs premiers mots français leur servent à dire non à l'effort fait en leur faveur, à nier l'utilité de notre enseignement. Toi, Blanche – nous Noires. Je dois comprendre : nous sommes des fillettes africaines, demain nous serons des femmes africaines, pourquoi veux-tu nous imposer ton savoir, tes habitudes ? Tu as de la chance d'être une femme blanche, ton boy nous dit que toi et ta fille, vous êtes servies par lui avant ton mari, avant son père. Cela ne nous paraît pas croyable. Sais-tu que notre père et nos frères mangent ensemble et n'acceptent ni notre présence ni même celles de leurs femmes ? Quand nos pères nous surprennent à manger, nous sommes si confuses, nous avons une telle honte, que nous mettons nos mains derrière notre dos, comme pour nous excuser ».

Pourtant, à bien des égards, le modèle dont elle vient montre des signes de faiblesse. Rapidement, la nonchalance coloniale, les parties de cartes, les compliments hypocrites, les critiques feintes et les réceptions superficielles ennuient Germaine Le Goff. Le fossé se creuse entre elle et la petite société blanche. Les Le Goff passent pour un peu « sauvages ». Ils ne répondent plus aux invitations. Que font-ils donc ? On dit qu'elle parle trop, l'institutrice. La « débarquée » est une donneuse de leçons qui ne connaît même pas la réalité locale. Est-elle vraiment faite pour cette vie-là, la Bretonne ? Les Le Goff se consacrent à leur vocation, l'enseignement. Le reste, le temps libre est consacré à l'éducation de leur propre fille qui grandit aussi. Parfois encore, à la sortie des cours, ils s'échappent en famille pour explorer les alentours de Djenné. Ils prennent le chemin de la brousse pour prendre un peu l'air.

L'été, il fait chaud à Djenné. Le vent n'est plus. Il n'y a que l'ombre pour respirer le frais. Dans cette campagne semi-désertique, rocailleuse et pelée, ils font parfois des rencontres le long des sentiers. Ce sont des hommes, souvent seuls, qui marchent au loin et se rapprochent. Ce sont de petites taches à l'horizon qui grossissent lentement. Des hommes qui, au passage, font un signe de tête accompagné d'un *Salamalekoum* ! Certains marchent peut-être depuis des jours. Ils sont peuls, bambaras, songhaïs, toucouleurs, touaregs, arabes ou diolas, et arrivent des quatre coins de la région. La plupart viennent faire leur marché ou rendre visite à un oncle. Ils s'arrêtent à la mosquée aussi puis repartent. De temps en temps, le couple fait un tour sur le fleuve. On prend le bateau au débarcadère pour quelques francs. Le fleuve, c'est un peu de fraîcheur et de fantaisie dans ce destin figé. Un destin qui ressemble à ce reptile immobile au soleil et qui esquisse un mouvement seulement pour mordre. Djenné est au bout d'un monde. Il n'y a rien. Que la vérité, ou le mensonge. Il faut choisir son camp. Le repli sur soi, ou bien l'autre. Mais qui est l'autre ? La majorité silencieuse ou cette petite minorité d'expatriés ? Au fil des mois, la vie sociale des Le Goff se résume à ces quelques promenades en pirogue, à ces après-midis heureux à l'école de Djenné. Des sourires spontanés. Des discussions passionnées. Elle se sent proche de cette jeunesse-là. Il n'y a plus de préjugés, que des affinités. Une jeunesse qui écoute et apprend, sans arrière-pensée, dans la confiance. C'est grâce à ses élèves que l'institutrice persévère.

LE DEUIL DE LA MÈRE PATRIE

Étrangement, c'est au moment où elle œuvre à la revalorisation de la femme en Afrique que Germaine Le Goff perd le premier de ses modèles. Sa mère meurt brutalement d'une embolie pulmonaire. C'est un télégramme qui annonce la nouvelle. Cette mort plonge Germaine Le Goff dans une tristesse infinie, inédite. Pendant plusieurs jours, elle et son mari s'isolent derrière les volets clos de la villa. « La France pour moi s'incarnait dans ma mère, écrit-elle. La Bretagne s'incarnait dans une coiffe, dans un grand châle, dans un sourire aussi que jamais plus je ne verrai. » Au dernier moment, alors que les valises sont prêtes, Germaine Le Goff, annule le voyage. Elle n'ira pas à l'enterrement. Elle ne veut pas revoir la France. C'est ici qu'est sa vie. Cette nouvelle terre d'accueil qu'elle aime déjà, l'Afrique, une terre qui lui a donné « ses filles ». Trois années se sont déjà écoulées à Djenné. Germaine Le Goff s'est rapprochée de ses élèves. C'est une nouvelle famille qui compense l'exil. Nous sommes en 1926, et les jeunes élèves de la petite institutrice bretonne ont fait des progrès considérables. Lors des dernières inspections, les notes ont été excellentes. « L'enseignement de madame Germaine Le Goff est un modèle pour toute l'A.-O.F. », complimentent tour à tour les rapports d'inspection. Les petites écolières de Djenné savent lire, écrire, parler et se comporter en société. Elles sont éduquées et savantes. Elles sont surtout souriantes et heureuses, fières de s'exprimer dans la langue de cette maman blanche. Elles oublient que c'est d'abord la langue de la France. « Ce beau pays qui aime tous ses sujets » dans la bouche de Germaine Le Goff. Cette deuxième patrie reconnaissante avec tous ceux qui sont morts pour elle, et d'abord ces milliers de tirailleurs sénégalais ensevelis dans les tranchées. D'ailleurs, c'est un peu de cette France impériale et reconnaissante, selon elle, qui doit arriver avec la visite annoncée d'un hôte de marque, le maréchal Pétain en personne. Le célèbre vainqueur de Verdun doit venir décorer un colonel à Tombouctou. Djenné est une étape sur la route. Le héros de la Grande Guerre arrive à nouveau auréolé de gloire alors qu'il vient de briser la révolte d'Abd El-Krim, dans la vallée du Rif au Maroc. Un an plus tôt le « partisan de la manière forte » a été dépêché en Afrique du Nord pour mettre un terme définitif à un début d'insurrection qui menaçait de fragiliser l'empire colonial tout entier. Vaincu, Abd El-Krim a été condamné à l'exil. Le conflit a fait des dizaines de milliers de victimes dans la population du Rif. Depuis, la presse l'a affublé d'un autre surnom « Pétain l'éradicateur », le « nettoyeur du Maroc », « partisan de la politique du marteau ». Sa présence en Afrique a désormais un double symbole. La ville se prépare à recevoir non seulement le héros de Verdun mais le vaillant « gardien de l'empire » aussi. Malgré son courage indéniable, sa présence remarquée sur tous les fronts, au plus près des combattants, l'homme a la réputation d'être exigeant sur le confort. Faute d'hôtel décent, on installe ses appartements dans une partie désaffectée de la résidence de l'administrateur civil. Pendant plusieurs jours, les habitants sont invités à participer à la décoration de cet hébergement de fortune. Lits, tables de chevet et bouquets de fleurs affluent. On repeint la façade de la résidence, on rase les habitations vétustes aux alentours. Ce sont quelques maisons de terre anciennes qui disparaissent sous les coups de pioches. Le maréchal aime la netteté. Djenné brillera ! La ville en émoi se prépare à la fête, comme un 14-Juillet. Les banderoles de bienvenue fleurissent sur les balcons. Le haut représentant de l'État a fait savoir qu'il voulait voir de près comment s'organise la vie française en outre-mer. L'école mixte de Djenné, exemple de la pénétration française en Afrique, fait partie du programme. Les Le Goff se prêtent au jeu. En classe, on répète en chœur la formule consacrée : « Vive le Maréchal Pétain ! Vive l'Afrique ! Vive la France ! » Le matin de la visite, Germaine Le Goff a mis sa plus belle robe, d'un blanc satiné. Son mari, l'ancien poilu, arbore sur son costume crème ses galons et toutes ses médailles, dont la croix de guerre. La journée passe pourtant et personne ne vient. Si, un secrétaire de l'administrateur qui arrive au pas de course. « Mais que faites-vous donc ? On vous a attendus à la résidence ! » Le protocole les a oubliés. Ils n'ont pas été prévenus de la première réception : la présentation des respects. Trop tard, le mal est fait. Cette réception s'est déroulée sans eux et le maréchal est vexé : « Où sont les instituteurs ? » a-t-il déclaré, « ils méritent une leçon, qu'on la leur donne ! » Le lendemain, le couple d'instituteurs est bien là cette fois-ci, pour la cérémonie du départ. Mais le maréchal est un homme de principes qui n'aime pas les impairs. Il entre dans le grand salon. Il y a là tous les notables de la ville, les officiers en uniforme et queue de pie. L'homme serre les mains, fait quelques commentaires, félicite l'administrateur et tourne les talons. Adieu Djenné, l'homme est déjà dans la voiture pour Tombouctou. Il n'a pas voulu saluer le couple d'instituteurs qui lui a fait faux bond. « Le maréchal déteste les instituteurs antimilitaristes », adresse sèchement en guise d'explication, l'administrateur tout sourire. Germaine Le Goff vit la scène comme un affront. Elle a perdu son mari à la grande guerre. Joseph, lui, a failli y laisser la sienne, et l'homme de 1914 est passé sans un mot, sans un merci. « De toute façon, votre œuvre est une œuvre néfaste pour la France ! » L'administrateur a parlé. C'est lui qui a donné l'ordre de ne pas les prévenir. Germaine Le Goff s'est souvenue du chant des piroguiers sur le fleuve Niger. « Quand tu parles, commandant, c'est le tonnerre qui sort de ta bouche. Quand tu nous regardes, tes yeux lancent des éclairs. »

MÈRE AFRIQUE

« Ma main de prisonnier ne doit pas serrer la vôtre. » Germaine Le Goff n'a pas oublié ces quelques mots. Ceux d'un ouvrier qui travaille dans les fours à chaux, le long du fleuve. Une usine insalubre mais rentable créée par « le commandant » qui en a fait sa fierté. Sa fortune aussi. Les jeunes hommes ont été enrôlés de force pour y travailler jour et nuit. Des méthodes qui choquent et qui finissent par s'ébruiter. On dénonce aussi de nombreux abus dans sa gestion douteuse de la ville. L'affaire fait grand bruit et remonte jusqu'au palais du gouverneur. En quelques semaines, le despote est déchu. Trop c'est trop. On décide de le muter aux Antilles. Une décision vécue comme un soulagement à Djenné. La première mission du nouvel administrateur consiste à redorer l'image de la France dans ce coin pas tout à fait pacifié et surtout à dédommager les populations du mal que le commandant leur a fait endurer. Le nouvel administrateur sait se faire apprécier. C'est un honnête homme, ouvert et droit qui devient vite l'ami des Le Goff. Joseph est son homme de confiance. Il le charge de s'occuper des remboursements. Chaque famille se voit remettre une somme d'argent équivalente aux denrées alimentaires détournées par le despote. Et lentement, le calme et la confiance reviennent. Entretemps, les Le Goff sont devenus des gens fréquentables. L'école de Djenné s'est, quant à elle, agrandie. Il y a plus de classes, plus d'élèves, mais toujours aussi peu de personnel. La mission civilisatrice manque de moyens. Germaine Le Goff multiplie les expériences. Elle décide notamment de recruter des élèves de plus en plus jeunes. Elle veut avoir le temps de les instruire vraiment. Ce sont des jeunes filles entre trois et cinq ans qui apprennent vite, sourient devant l'exercice et font preuve d'une bonne volonté déconcertante. À défaut d'obtenir de nouvelles institutrices, Germaine Le Goff forme des maîtresses auxiliaires parmi ses élèves les plus âgées. Elles vont s'occuper des plus jeunes et des plus dociles. Elles font répéter les lettres de l'alphabet. Sans le savoir, elles sont les premières institutrices noires africaines. Elles n'ont pourtant ni le diplôme ni le titre. Germaine Le Goff leur trouve un nom, ce sont les « élèves monitrices ». L'expérience de la petite classe devient rapidement un modèle pour toute l'A.-O.F. Le directeur de l'instruction publique en personne finit par honorer l'école de sa présence. Un beau matin de printemps, sans prévenir, il entre dans la classe de Germaine Le Goff. Impressionné par l'ambiance conviviale et studieuse qui y règne, il félicite l'institutrice. Au retour, il fait une note dithyrambique à son sujet auprès de sa hiérarchie. « Madame Germaine Le Goff est une très bonne enseignante appréciée de tous. Studieuse, sérieuse, elle donne entière satisfaction. J'encourage vivement son affectation vers un poste à plus haute responsabilité. » Les propositions ne tardent pas. On l'invite à diriger un établissement à Saint-Louis, capitale de l'Afrique-Occidentale française. L'offre tombe à point nommé. Les trois années passées à Djenné se sont écoulées, simples et tranquilles, peut-être trop. Germaine Le Goff et son mari se sont habitués à cette vie de brousse. Mais sa fille, Monette, a déjà dix ans. Elle approche de l'âge où l'on s'ennuie des choses naturelles. Djenné, ressemble à un fort retranché au milieu du désert. C'est la solitude. Et il n'y a pas de collège au Soudan, pas plus à Djenné qu'à Bamako. Germaine Le Goff a de grandes ambitions pour sa fille. Il n'y a qu'une solution, Monette doit poursuive ses études en France. Ils profitent des vacances d'été pour rejoindre la métropole. Ils n'y sont pas retournés depuis le départ pour l'Afrique. Un séjour qui marque pourtant le début d'un vrai divorce avec la terre d'origine. En Bretagne, ils retrouvent les leurs, certes. Et les premiers jours se succèdent dans la joie des visages chers. Ce sont des jours de fête où l'on raconte là-bas. Mais Douarnenez n'a pas changé. L'existence y est rangée, attendue. Il y a seulement un peu plus de voitures dans les rues. Sinon, les journées d'été sont les mêmes. On regarde la mer, on joue aux cartes, on attend l'hiver. La saison passe. Pour la rentrée scolaire de Monette, on leur a recommandé un collège près de Versailles. Ils l'inscrivent en sixième. C'est un internat réputé pour son sérieux.

Mais Monette y reste à peine quelques jours. Elle ne s'adapte pas. Comment pourrait-elle ? Monette ne connaît pas les obligations, les horaires, la discipline. Son inadaptation à la vie métropolitaine achève de les convaincre. Ils acceptent la proposition du ministère de l'Éducation nationale. Ils ne retourneront pas à Djenné. Ils sont attendus au collège mixte de Saint-Louis. Elle sera en charge d'une classe de septième. Joseph se voit attribuer les fonctions d'économe surveillant général au lycée Faidherbe.

L'AFFRONT

À l'aube de l'automne 1926, la petite famille au grand complet foule le pavé de la capitale sénégalaise. Saint-Louis est une ville bourgeoise, à l'aspect provincial, avec des villas cossues, des églises, des boutiques, des cafés. Rien à voir avec le calme désuet de Djenné. Saint-Louis est une ville moderne, occidentale. La rue est agitée, le ciel ronronne. C'est là que viennent se poser les avions de l'Aéropostale. Derrière les hélices, il y a Jean Mermoz, le célèbre aviateur. Il vient d'ouvrir à Saint-Louis l'une des premières pistes de tout le continent noir, pour la compagnie Latécoère. La civilisation, le symbole du progrès en plein cœur de l'Afrique. Pour Germaine Le Goff, Saint-Louis, c'est comme un faubourg de Bordeaux. Avec des quais, des grues, des bateaux. Un retour à « la civilisation ». À côté, la Bretagne c'est Djenné. Sur la place Faidherbe, il y a le lycée. Un long bâtiment qui plonge dans l'un des bras du fleuve Sénégal. Un bâtiment vétuste, presque à l'abandon. La première impression est mauvaise. L'appartement de fonction est plus étroit que prévu. Loin du confort de la maison de Djenné qu'ils ont quittée à regret. Il n'y a qu'une chambre pour trois. Ils installent un lit de camp pour Monette. Le confort est spartiate. Pas de cuisine, aucune intimité. Les repas se prennent au réfectoire. C'est la désillusion. Ont-ils fait le bon choix ? Le grand lycée de Saint-Louis n'a rien à voir avec l'image qu'ils s'en sont faits. Loin d'être un modèle du genre, c'est un établissement où il y a tout à faire. Une situation qui ressemble à celle vécue à Silfiac en Bretagne, l'énergie en moins. Germaine Le Goff n'a plus vingt ans. C'est une femme mariée, mère d'un enfant. Une institutrice expérimentée, qui approche tout doucement de la quarantaine et aspire à une certaine reconnaissance. Dans ce contexte, le lycée Faidherbe est un bond en arrière. Le défi est là pourtant ; le prestigieux établissement doit retrouver son éclat. Et l'administration compte sur le couple de l'école de Djenné, cette nouvelle fierté de l'instruction coloniale en A.-O.F. Les hôpitaux de Bamako ont trouvé dans ces jeunes filles débrouillardes d'excellentes sages-femmes. Mais à Saint-Louis, il y a tout à refaire. Le lycée est vétuste, gris et poussiéreux, et ses locaux sans âme. On ne passe plus le chiffon sur ses murs sales. Des fenêtres ont leurs carreaux brisés par des ballons indisciplinés. Un plancher sans lattes donne, à l'étage de leur appartement, l'impression que tout le bâtiment bascule dans le vide. La visite du lycée ressemble à celle d'un vieux musée de province. Le couple

Le Goff est découragé. En cette fin d'été où le silence de l'absence est exacerbé par la saleté accumulée, le lycée a des allures de misérable hangar désaffecté. C'est donc ça le grand lycée de Saint-Louis ? L'école des notables où se succèdent les fils de députés et les futurs députés eux-mêmes ? La grande école de la France en A.-O.F. ? Le proviseur est un homme âgé, célibataire qui tarde à se faire connaître parce qu'il sait le piteux état de son établissement. On dit qu'il n'aime pas les enfants. On raconte aussi que dans son bureau, il les bat. Une caricature. Dès leur première rencontre, l'institutrice qui ne cache pas son mécontentement ose une question : « Pourquoi un tel laisser-aller ? » « Que voulez-vous, il n'y a pas de budget, c'est ça les colonies ! Faudra vous y habituer ! » Germaine Le Goff ne se résigne pas. Après tout, si l'administration vante ses mérites, loue son caractère ferme et déterminé, sa rigueur morale, son travail, pourquoi ne pas en profiter ? L'heure n'est pas aux regrets. Adieu, douce vie insouciante et légère de Djenné. Voici revenu le temps de l'action. En quelques jours, elle obtient un rendez-vous avec le gouverneur du Sénégal. « Alors Madame, il paraît que la ville de Saint-Louis ne vous a pas séduite ! » Le gouverneur sourit. On lui a parlé déjà de cette nouvelle institutrice au caractère bien trempé, « bretonne ». Germaine Le Goff aime beaucoup rire, mais là, elle n'a plus d'humour. En plus, elle n'a pas de temps à perdre. « J'ai à peine vu le visage de cette ville, répond-elle, mais j'ai regardé le misérable logement que l'administration nous a attribué. Il est à la hauteur du piteux état de cet établissement.

— Et vous souhaitez bien sûr un bel appartement plus moderne. Hum, mais voilà, si je réalise ce souhait, vous allez en formuler d'autres car chacun sait que les femmes sont ambitieuses.

— Je ne pense pas être insatiable mais je crois que nous avons droit à un appartement décent.

— Soyez donc satisfaite, cet appartement de fonction va être construit sur la terrasse même du lycée. Ah, ce que c'est, la puissance d'une femme qui pleure ! »

Entretemps, sa petite sœur Berthe, qu'elle surnomme Tochette, les a rejoints avec Georges, son fils de deux ans. Elle vient elle aussi de perdre son mari, décédé à 28 ans d'une embolie pulmonaire. Malheureusement, l'enfant décède quelques mois après d'une diphtérie.

LE RECOMMENCEMENT

À Saint-Louis, les choses peuvent aller très vite. En quelques mois, l'appartement de fonction a été agrandi et remis sur pied. L'ordre est venu d'en haut. Les travaux ont été réalisés dans les plus brefs délais. Désormais, il y a deux chambres à coucher, un salon avec une longue baie vitrée qui donne sur le fleuve, une salle à manger et surtout une cuisine aménagée, avec des mosaïques sur le mur et des tomettes au sol. Sur les conseils de la nouvelle locataire, les meubles austères et rustiques des pièces principales ont été repeints. Des couleurs vives qui font chamarrer les objets sous le soleil du matin. Des plants de manguiers et de bananiers achèvent d'égayer le tout, avec ici et là quelques bouquets de fleurs. L'institutrice a des doigts de fée. On le dit, on vient voir, on la félicite. En quelques semaines, le lycée Faidherbe a retrouvé son éclat et mérite à nouveau son nom. Une fois de plus, les instituteurs ont retroussé leurs manches. Ils ont pris la peinture, acheté les rouleaux et redoré les façades extérieures du bâtiment. Germaine Le Goff a le respect du bel ouvrage et de l'histoire. Le bâtiment principal érigé en 1884, avec sa façade ocre et ses petits volets bleu ciel, est pourtant un exemple de l'architecture épurée IIIe République à la Jules Ferry. C'est aussi le premier lycée créé par la France hors de ses frontières. Faidherbe, l'illustre ex-gouverneur de la colonie est le grand bâtisseur de l'empire français. Son œuvre pacificatrice résonne jusqu'aux portes de l'Égypte. Et l'histoire s'écrit aussi à Saint-Louis. Très vite, avec le confort, le regard de l'institutrice change aussi. Du salon, Germaine regarde passer les piroguiers qui remontent le fleuve pour aller pêcher en mer. Ce sont des embarcations joyeuses, qui fendent l'eau nonchalamment. Le dimanche après-midi, les promenades se font le long du grand pont métallique qui relie la presqu'île de Saint-Louis au continent. Le pont Faidherbe, symbole du savoir-faire français. On marche aussi longtemps dans les allées du jardin de Sor. Un parc où l'on va chercher le frais à l'ombre des palmiers. Un jardin lumineux et gai avec des orangers, des citronniers parfaitement entretenus par un artisan breton originaire de Quimper avec qui Germaine et Joseph sympathisent rapidement. Un jardin qu'on appelle encore « le petit paradis sur terre ». Puis, en fin de journée, souvent, les Le Goff s'écartent de la ville en remontant la langue de Barbarie. Drôle de nom pour ce bras de terre qui va chercher le vent et la mer au bout. C'est là, sur les plages de dunes, qu'ils vont regarder le soleil disparaître dans un tout petit point de l'horizon. En cette fin d'été, il est orange. Au loin, il y a les piroguiers qui reviennent. On entend les chants au gré des courants. Une journée de pêche qui s'achève. Comme là-bas, dans les chalutiers qui font s'écraser les vagues contre la digue de Douarnenez. Les nuits sont longues en Afrique. Les journées au lycée Faidherbe encore plus. La deuxième tâche qui attend le couple Le Goff est de rétablir l'ordre et la discipline. Les premières heures de cours sont chahutées. Les garçons sont turbulents, insolents mêmes. Germaine découvre les provocations. C'est un léger sifflement strident qui s'échappe des bouches à peine entrouvertes lorsqu'elle entre en classe. Les provocations se veulent anonymes, discrètes et collectives. Qui punir ? Le climat est tendu. Les élèves ont à cœur de défier la nouvelle institutrice que l'on dit sévère. Germaine Le Goff laisse passer l'orage. Elle n'a qu'une arme : le regard ! Un regard droit dans les yeux, foudroyant et pénétrant à la fois, « un regard dominateur, écrira-t-elle plus tard, qui ne doit laisser aucune chance à l'incorrection, la lâcheté ou la malhonnêteté ». Mais à Saint-Louis, le mal est plus profond. Les Le Goff doivent faire face à une réalité. Saint-Louis est une ville d'élite, composée en majeure partie de dirigeants politiques, d'hommes de pouvoir. Ce sont les grandes familles de Saint-Louis qui dirigent l'A.-O.F. Or ce sont les Le Goff qui décident si Abdoulaye ou Édouard doivent redoubler ou pas. Les pressions sur les professeurs sont une pratique courante. Dans le lycée, la consigne est simple et ancienne. C'est une consœur qui leur rappelle la règle en salle des professeurs : « Il faut être prudent. Ici, on enseigne en fermant les yeux et les oreilles pour ne rien voir et ne jamais rien entendre. » Les Le Goff n'ont jamais vu ça et ne s'habituent pas. Ce n'est pas très républicain. Joseph, désormais surveillant général du lycée a une idée : « Pourquoi ne pas punir justement les enfants de notables pour obtenir la paix ? » Le résultat est immédiat. Les lettres d'indignation et d'intimidation ne tardent pas. C'est un surveillant général sûr de lui et fier de son coup qui convoque les parents : « Vos enfants ne sont peut-être pas les coupables, en tous les cas pas plus que d'autres. Mais pour être obéi, je me devais de frapper les têtes, c'est ce que j'ai fait, vous m'en excuserez. » Il n'y aura plus de mouvements d'indiscipline à Faidherbe. Cette première victoire donne des idées à l'institutrice. Pour elle, cette anecdote prouve que l'éducation d'un enfant passe avant l'instruction. Et si les parents ne jouent pas ce rôle, alors c'est à l'école de l'assumer. Le soir, après les cours, à la lueur de la lampe à pétrole, Germaine Le Goff rédige un conte pour enfants à l'attention de ses jeunes élèves : Mamadou et Kadidia. Mamadou est un enfant noir, un petit Africain âgé de dix ans. « Qu'a-t-il fait jusqu'à présent ? Il a été vêtu, nourri, abrité, soigné. Il a bien joué, bien crié, couru, ri et pleuré [...] Il a eu surtout le bonheur d'avoir pour veiller sur lui un bon papa, une excellente maman. [...] Le livre du petit Mamadou l'aidera à bien vivre, il essayera de lui faire aimer le bien, de lui faire haïr le mal. Il l'aidera à devenir l'homme qui inspire confiance à tout le monde, l'homme de bien à qui l'on tend la main en se disant. “Quel brave homme !” Lis ce livre Mamadou et vous tous jeunes Africains et jeunes Africaines, lisez-le avec tout votre cœur, aimez-le puisqu'il a été écrit pour vous et par des maîtres qui voudraient de toute leur âme que vous soyez tous et toutes heureuses dans la Grande Cité des hommes, de la Vie. »

Dans cette histoire, il y a Djenné, la brousse, les fêtes musulmanes, la chasse au lion, le vent qui souffle trop fort, le feu qui réduit en cendres. Il y a Saint-Louis aussi, les pêches miraculeuses, les Français, l'école. Il y a l'Afrique surtout, avec le soleil. C'est l'apprentissage de la vie adulte au contact de la nature. « Apprends à devenir un homme si tu veux être traité en homme », prévient le livre. Un recueil de morales où l'enfant apprend que le lion mange un homme ou une biche sans faire de distinction. Que le vent sème la récolte ou la terreur. « Car ils ne sont jamais responsables, ils n'ont pas d'âme. » Mamadou apprend à écouter sa petite voix intérieure, « la voix de la conscience qui répète sans arrêt : "tu as fait le mal, et tu pouvais faire le bien [...], tu as fait souffrir et il est juste que tu souffres. Si tu souffres, tu t'en souviendras et tu ne recommenceras plus." Pour nous punir, notre justice ne nous donnera ni emprisonnement ni amendes, elle nous donnera le remords qui fait parfois tant souffrir que pour lui échapper, nous nous donnons la mort. C'est la mémoire du passé qui conduit l'homme dans le présent et l'avenir. L'homme peut et doit avoir une vie morale. »

Paradoxalement, il y a un fond de morale judéo-chrétienne, de vieux restes de cette enfance catholique à Douarnenez, dans ce livre écrit à la lumière républicaine de l'époque. On y évoque les sept péchés capitaux, le vol, la gourmandise, et l'ignorance, les égoïsmes. On y parle encore d'esclave, de fou, de pauvre. On y loue l'amitié, les mérites de l'école et de l'instruction.

Germaine Le Goff rédige ainsi une douzaine de chapitres de cet usuel scolaire volontairement féministe. Dans ces aventures, Mamadou est un petit garçon désordonné et naïf qui tombe dans tous les pièges, tandis que Kadidia fait figure de jeune fille mûre qui montre l'exemple. Ainsi, le jour du Kori (fête religieuse musulmane), Kadidia porte son plus beau boubou en mousseline brodée et s'est ornée des pieds à la tête de multiples bijoux. Pour la complimenter de sa tenue, des passants lui jettent des pièces. En face, il y a une autre petite fille de son âge mal habillée qui regarde la scène. Elle ne participe pas à la fête, elle doit s'occuper de sa grand-mère gravement malade. Elle est pauvre, et la fête, c'est pour les riches. Alors, Kadidia émue, lui tend son butin. Morale : « Si tu veux être heureux Mamadou, comme Kadidia, fais le bien chaque fois que tu pourras. Ton intelligence, ta conscience t'indiqueront toujours la route du bien et celle du mal et, puisque tu es libre, tu prendras celle que tu voudras. N'oublie jamais, petit Mamadou qu'aucun bonheur n'est possible si l'on ne vit pas en paix avec sa conscience. » C'est une écriture à l'encre bleue. Une écriture parfaite, sûre, qui va de l'avant. L'écriture se couche vers la droite et va jusqu'au bout de la page. Les premiers mots sont des boucles. Et les points ressemblent à des traits d'union. Sur la plume, il y a beaucoup d'encre. Sur le papier, les mots sont gravés, doubles, comme une goutte de trop. Cela ressemble à un manifeste sur l'éducation. Nous sommes en 1928, et Germaine Le Goff accomplit déjà son œuvre à travers ces contes moraux. Saint-Louis est le cœur des élites noires africaines françaises. C'est ici que viennent étudier les enfants de ceux qui ont quelques responsabilités dans l'administration coloniale. Ce sont eux qui présideront aux destinées de tout un continent. L'Afrique appartient à cette jeunesse-là.

« Qui épouserons-nous demain, dans notre pays où la France ne fait pas grand-chose pour l'éducation de la femme africaine ? ». L'élève Bonama Fofana se rassoit. Il vient de poser la bonne question, alors que l'institutrice dicte un texte de Madame de Staël, *De l'éducation des femmes*. La question est cruciale mais la jeune féministe bretonne n'a pas de réponse, Madame de Staël non plus : « La France ne veut sans doute pas choquer les traditions familiales musulmanes, c'est pour ça que l'éducation de la femme africaine n'est pas dans ses priorités. » Une réponse faute de mieux, et peu convaincante. À Saint-Louis, les élèves les plus brillants terminent leurs études en France. La plupart sont noirs ou métis et s'inscrivent à la Sorbonne. C'est là, le plus souvent, qu'ils rencontrent leurs futures épouses. Elles sont instruites, elles sont blanches. Les jeunes filles noires, elles, n'ont pas ce privilège. Au mieux, elles savent écrire. À partir de ce jour, Germaine Le Goff va consacrer tout son temps libre à étudier le problème. Elle fait des recherches à la bibliothèque de Saint-Louis et lit plusieurs thèses sur l'éducation des jeunes filles en milieu indigène. Le diagnostic est sans appel. Il existe bien un profond déséquilibre éducatif entre l'homme et la femme en Afrique. La femme noire africaine n'existe pas dans l'esprit du colonisateur. Et dans celui de l'institutrice française, sans égalité des sexes, il n'y a aucun progrès possible, ni en France ni en Afrique, ni ailleurs. Désormais, sa mission consistera à former cette élite féminine africaine. Il lui faudra néanmoins attendre son heure. Car après quinze ans d'enseignement, dont six seulement en Afrique, l'institutrice ne bénéficie ni de l'ancienneté ni de la réputation suffisante pour prétendre à de telles ambitions. Saint-Louis, en quelque sorte, est son chemin de croix avant la croisade.

1931-1935 : LE DÉCLIC

Nous sommes en 1931. Depuis Saint-Louis, Mermoz vient de battre un nouveau record en rejoignant Natal, au Brésil, avec 130 kilos de lettres à bord. Il a traversé l'océan sur une distance de 3 173 kilomètres en 21 heures de trajet seulement. Désormais, comme tous les « Saint-louisiens », la famille Le Goff se promène le dimanche sur la plage de l'hydrobase pour regarder s'envoler les bruyants appareils qui prennent leur élan sur les eaux calmes de la lagune. De temps à autres, un jeune écrivain qui commence à faire parler de lui, Antoine de Saint-Exupéry, proche ami de Mermoz, responsable du courrier d'Afrique, autre « chevalier du ciel », passe une nuit à l'Hôtel de la Poste, situé face au pont Faidherbe qui enjambe le fleuve Sénégal, pas très loin du lycée.

À Paris, l'exposition coloniale vient d'ouvrir ses portes avec succès. Les Le Goff en ont entendu parler.

Les amis qui en reviennent n'en disent que du bien. L'empire français est immense et varié. Il paraît même qu'au stand sur le Soudan, on a exposé une maquette de la grande mosquée de Djenné. Cette exposition met en scène toute les richesses culturelles de l'empire. Mais à Saint-Louis, on est bien loin des maquettes. Et l'on se moque du folklore parisien. Le fossé se creuse entre coloniaux et métropolitains. Les grandes familles de mulâtres Saint-louisiennes n'apprécient pas beaucoup les singeries de la Porte Dorée. Ce sont deux mondes à part qui s'ignorent. Deux mondes qui se méprisent. À l'image du nouveau proviseur du lycée Faidherbe qui prend ses fonctions cette année-là. On le présente pourtant comme un homme de culture, parisien, agrégé de philosophie et normalien. Mais au fond de lui, l'homme ne supporte pas l'outre-mer. Sa mutation est une punition. Il la vit comme une damnation et passe ses nerfs sur l'établissement. Une nuit c'est le mobilier de l'appartement qui y passe. Réveillés par le bruit, Germaine et son mari, l'aperçoivent, médusés et impuissants, jeter du balcon, chaises, tables et fauteuils de la république. « Le mobilier administratif! » s'exclame Germaine, indignée par un tel manque de respect pour la chose publique. Le lendemain, la cour est déblayée. Personne n'ose poser de question mais tout le monde murmure que le nouveau proviseur est un malade, un vrai Parisien. Le proviseur, lui, n'a pas d'explication. Il n'aime pas ce lycée, et se moque de la fierté de l'enseignement français en Afrique occidentale. « C'est fi-fi, c'est fini, le ly-ly, le lycée de Saint-Louis », chante-t-il sous le balcon des Le Goff, lorsqu'il revient du café, tard dans la nuit. Il boit, le proviseur.

Il est saoul et part en guerre contre l'école de l'empire. Chaque jour, pour un oui ou pour un non, il convoque ses professeurs, fait irruption dans les classes en plein cours. Raison perdue, l'homme s'adonne au jeu des petites humiliations. Il affiche un jour dans la salle des professeurs, un billet doux retrouvé par terre. « Mon petit Jo, je t'embrasse très fort. Des bisous. Ta Germaine. » Sans mot dire, Germaine Le Goff retire le mot. Mais le mal est fait. La guerre d'usure finit par lasser. L'institutrice écrit dans son cahier : « Ce n'est plus l'aventure. Ce n'est plus l'Afrique. Je vis à côté des Africains, avec des Français. » Et quels Français ! Le proviseur représente à ses yeux l'Européen type en déroute dans les colonies. Il y en a beaucoup à Saint-Louis, dont la métropole semble s'être débarrassée. Beaucoup dont les Saint-louisiens se seraient bien passés. L'expérience de Saint-Louis tourne définitivement au cauchemar. C'est la loi du silence. Impossible d'exprimer sa révolte. Tout le monde se tait par crainte des représailles. Alors Germaine porte plainte. Pour la seconde fois, la voici reçue par le gouverneur du Sénégal. Mais la réponse n'est pas celle attendue. « Le dernier rapport d'inspection est élogieux, chère Madame. Mais avec toute l'amitié et la confiance que je vous porte, il m'est bien difficile d'agir. Ce n'est malheureusement pas de mon ressort. Un gouverneur ne peut intervenir dans le domaine de l'instruction publique. » L'institutrice ne se démonte pas. Face au refus du gouverneur, elle décide alors de rencontrer l'inspecteur général, monsieur Albert Charton. Un homme qu'elle connaît un peu et qui a pour elle le plus grand respect depuis le travail accompli à Djenné. Mais c'est un nouveau revers. « Je comprends votre désarroi, mais je le regrette. Je ne peux rien faire pour vous. Vous êtes les seuls à vous plaindre. Et rien ne laisse paraître un tel comportement de la part de ce proviseur ! » Un double refus qui fait mouche. Quelques jours plus tard, les le Goff démissionnent. Pour eux, Saint-Louis, c'est fini. Ils sont remplacés au pied levé par un autre jeune couple d'instituteur qui va connaître le même sort. La vérité éclate au grand jour quelques mois plus tard, avec le suicide du mari. « Vous ne savez pas à quel point il nous a fait vivre un calvaire. Devant l'indifférence générale, mon mari et moi avons subi quotidiennement critiques, sarcasmes et reproches. Rien ne nous a été épargné. Et dire que mon mari était un homme si jovial ! » À force de plaintes, de rumeurs, la « terreur » du lycée Faidherbe est finalement relevée de ses fonctions. Après complément d'enquête, le gouverneur s'exclame : « Madame Le Goff avait donc raison. Tout ce qu'elle m'avait révélé était donc vrai. »

LA VIE DE RÊVE

Les derniers mois à Saint-Louis sont des jours sombres. Au Noël 1931, les Le Goff perdent un petit neveu, dont ils avaient la charge depuis quelques semaines, après la perte accidentelle de ses deux parents. Ils l'ont aimé comme leur propre enfant. Georges est mort des suites d'une maladie contagieuse mal soignée. Sa disparition plonge le couple dans une profonde tristesse. Une mort prématurée qui fait rejaillir dans l'esprit de l'institutrice d'autres morts. Elle repense à ses frères et sœurs. Ceux qui étaient avant elle. La mort qui tombe, c'est idiot, comme la foudre ici. Les soirs d'orage parfois à l'hivernage. Ces morts qui solidifient ses os à elle. La vie est longue. La journée de l'institutrice commence à six heures. Baobab déjà. Enracinée vers le ciel. À quarante et un ans, Germaine Le Goff approche du sursis. Sur un catalogue, ils ont choisi la maison du bout, celle qui abritera la fin de leurs jours en Bretagne. Il y avait des modernes et des anciennes. Germaine a choisi celle-ci. Une villa sur une rivière qui doit avoir son âge. Ou seulement un peu plus, mais certainement du siècle dernier. Elle ressemble un peu à une grande maison qui sourit. Un peu d'Afrique aussi. Sa sœur est allée voir. Et l'en a convaincu. Elle est à quelques kilomètres du port des esclaves. Peut-être même a-t-elle été construite par la fortune d'un marchand d'eclaves. La maison est un peu chère. Trop pour le budget d'un couple d'instituteurs. Mais Germaine veut celle-là. Elle veut pouvoir y recevoir toute sa famille et ceux qui viendront. Elle veut y abriter la vie. Alors, ils empruntent parce que la vie est longue. Et qu'ils seront heureux dans cette maison qui sourit. Au mois de janvier 1932, juste avant le déménagement pour Dakar, ils prennent le bateau qui les ramène à Bordeaux. Ils ont plusieurs mois devant eux. Ils reprendront les cours à la rentrée de septembre. Après un long voyage épuisant – ils ont pris les billets les moins chers, il faut économiser –, les Le Goff posent leurs bagages. Les voici aux portes de la Bretagne, dans cette région de Loire calme et abritée. Ils remontent une allée de chênes et de châtaigniers. Au bout, il y a la maison de la photo. Immense et blanche au sortir de l'ombre. « Comme elle est grande et majestueuse ! » Germaine Le Goff pense bien sûr à ses parents. À la maison de Pouldavid. Aux ardoises cassées sur le toit. Au vent qui fait claquer les volets. Au froid qui imprègne les murs. À ces gens qui ne connaîtront pas son petit château. Sa « légitime fierté », comme elle dit. Une maison sans eau, ni électricité pourtant. Il fait froid ici aussi. Là encore, il faudra y mettre le confort. Mais en ouvrant les grands volets de la salle à manger, il y a un rayon de soleil sur les roses autour. Il y a la grande pelouse verte qui glisse vers la rivière paisible derrière. Ce n'est pas encore le repos. Il faut travailler à remettre la maison sur pied. Mais après les épreuves de Saint-Louis, c'est un bain de jouvence. La famille est là qui défile. Des années d'éloignement n'ont pas entamé la force du lien chez les Le Bihan. Frères, sœurs, cousins de Germaine accourent des quatre coins de la Bretagne pour retrouver celle qui est partie, celle qui a réussi aussi. Dans cette grande maison, il y a une chambre pour tout le monde. Le printemps arrive vite et l'été 1932 est ensoleillé. Les magnolias resplendissent dans le parc. On se promène en barque sur l'Erdre, une rivière lente, dont le courant fait à peine vaciller les nénuphars. Les époux Le Goff vivent les beaux jours. La France est belle vue sous cet angle. Le soir, on dîne dehors et l'on parle du monde sous les étoiles. Mais l'été passe et la lettre arrive. Celle du directeur de l'instruction publique en Afrique-Occidentale qui leur rappelle que le destin est ailleurs. L'ami Albert Charton leur annonce la nouvelle affectation. C'est au lycée de Dakar. À partir de la rentrée, Joseph Le Goff sera le nouvel économe surveillant général du lycée, tandis que Germaine deviendra la nouvelle professeure de français pour les élèves de sixième et de cinquième.

DAKAR L'HOSPITALIÈRE

Sur la presqu'île du Cap-Vert, il y a Dakar. La ville « couleur de poussière rouge » est là, derrière la colline, dans la lumière rasante du phare des Almadies. Cette colline qu'on surnomme la mamelle de l'Afrique. Un repère depuis la mer. À la fin de l'été 1932, les Le Goff retrouvent la terre noire. Le soleil s'est couché juste avant, derrière la ville. Il y avait un peu de vent sur le pont du bateau. Le vent d'alizé qui emmène les paroles en l'air. Et les éclats de rire aussi, étouffés déjà par le ronronnement du moteur. Dakar donne le sentiment de revenir à la maison. En acceptant ce poste, les Le Goff ont renoncé définitivement à la France, mais aussi à l'école de brousse. Dakar est un compromis. Ils ne seront pas citadins mais dakarois, comme on dit algérois. Une grande ville d'une très lointaine province. Germaine apprécie de plus en plus les soirées qui s'éternisent, la petite société de là-bas qui s'ouvre davantage à elle, et lui apporte parfois un peu de distraction. Madame Le Goff n'est plus l'inconnue de Djenné. On lui prête une certaine réussite. On entend parler d'elle en dehors des colloques. Elle se fait un nom, doucement. Mais la petite fille qui rêvait d'aventure sur les plages de Tréboul s'ennuie parfois un peu ici, aussi, si loin pourtant de la grisaille. Est-ce réellement cette vie-là dont elle a rêvé ? Certes la nature est belle, même à Dakar, les promenades le long de la corniche sont un ravissement des sens au crépuscule, lorsque l'air est doux. Mais la vie est répétitive aussi dans les colonies la journée. Joseph n'est pas toujours présent dans ses moments de solitude et de doute. Elle rentre parfois un peu tard. Elle ne boit pas, ne danse pas, ne séduit pas, mais elle aime les regards sur elle. Ces hommes qui cherchent aussi un peu d'évasion. Les discussions sont légères aux cocktails. Est-elle plus belle depuis qu'elle a pris de l'assurance ? Les coups d'œil se font plus insistants. Elle remet son chignon, ouvre un bouton du chemisier. Elle se sent vivre. Le temps aussi, déjà 40 ans. Dakar et sa mode. Ici, on fait des robes sur mesure. Elle fait fabriquer les modèles aperçus en métropole. Joseph s'en amuse qui voit bien son manège et qui laisse faire. À force, elle croise un homme fort érudit, brillant, haut fonctionnaire. Elle trouve en lui une oreille attentive. On leur prête rapidement une liaison. Germaine se méfie du qu'en dira-t-on. Elle ne laisse rien filtrer. Son visage est de marbre. Elle a appris cela de son enfance. Laisser parler. Les rumeurs disparaissent avec le vent. Elle a l'esprit libre. Ils sont très proches. Trop ? Elle a sa confiance. Elle l'utilise. C'est lui qui accueille Monette à son retour de France.

Monette a grandi, elle va entrer à la faculté. C'est l'indépendance. « L'heure de l'action aussi », écrit Germaine Le Goff. La voici prête à affronter le tournant de sa vie. La petite femme a l'énergie suffisante. Les résultats de ses bilans de santé sont excellents. « Médicalement parlant, vous avez dix ans de moins », lui a affirmé le médecin. Germaine Le Goff ne connaît plus la maladie. Seulement à travers les autres. Immunisée déjà. Aucun arrêt de travail, pas de congé maladie. La fièvre, c'est le soleil qui tape trop ou bien le sol qui est chaud. La petite femme s'est construite sur du roc. Du granit. Il faut résister, pour les autres. Elle marche vite sur ses talons hauts. L'équilibre est parfait. Il faut aller au rythme de la ville. C'est ici à Dakar, la ville qui abrite la seule université de la région, c'est ici qu'elle va mettre sur pied, son projet d'éducation pour jeunes filles africaines. À Dakar, Germaine Le Goff a tout le confort. Elle ne manque de rien. Elle peut travailler pour elle. Le climat doux, c'est la quiétude dont elle a besoin pour réfléchir. « Le soleil du Sénégal projette par son rayonnement la joie de vivre sur les choses comme sur les gens », écrit-elle. Le soleil donc qui annonce les bonnes nouvelles. Dans le courant de l'année 1934, la famille s'agrandit. Après de courtes études de pharmacie, Monette s'est mariée au fondé de pouvoirs de la Trésorerie générale de l'A.-O.F., monsieur Modeste Caillens. Dans la foulée, elle a accouché d'un petit Claude. C'est le premier petit-fils Le Goff. La fierté. Il a de grands yeux noirs et de fines boucles de cheveux blonds. C'est un bel enfant lumineux qui apportera joie et équilibre dans la famille. C'est l'enfant unique, prodige et protégé par sa grand-mère. Elle est sa mère. Elle se comporte comme si. Il est le garçon qu'elle n'a jamais eu. Sa fierté surtout, peut-être sa raison de vivre. Elle lui consacre beaucoup de son temps libre. C'est l'enfant qui fait reculer le temps et précipite les années. Il marche, il parle, il comprend plus vite. Germaine aime à se promener avec lui, au coucher du soleil, le long de la corniche, au-dessus des rochers rouges, là où viennent se briser les vagues. Claude est un enfant curieux. Elle répond à toutes ses questions. Elle s'amuse des mots qu'il fait naître dans sa bouche. Elle lui apprend d'abord les noms de la nature : une liane, un corail, un hibiscus. Parce que la nature est là, aux portes de Dakar, sur la route de la corniche qui emmène au loin au lac rose. En cette année 1934, c'est la joie de vivre retrouvée. La même qui l'animait à Djenné. Germaine Le Goff accepte de regarder le jour s'en aller jusqu'au bout. À plus de quarante ans, Germaine Le Goff est une femme comblée. Elle a le plus bel enfant, la plus jolie maison et de grandes ambitions. Avec Claude, elle retrouve le plaisir des chemins qui s'éloignent des sentiers battus. Saint-Louis est loin. Le lycée mixte de Dakar lui redonne le goût de l'enseignement. Les élèves sont studieux. Ce sont des fils des classes moyennes. L'effort est là. Le mérite aussi. Ce sont presque des adolescents. « À dix ou douze ans, on n'est plus vraiment un enfant, même si on est encore un peu candide. On n'est pas un adolescent pour autant. Il faudrait trouver un autre nom pour qualifier cet âge transitoire où l'on découvre la littérature, les écrivains, les poètes et où l'on prend réellement conscience de la beauté des choses. » Un âge peut-être, où l'on caresse seulement du bout des songes, entre deux leçons, les choix à venir. Elle donne toujours plus, avec tendresse, sans compter. La récitation poétique est le moment phare de son cours. « Les mouches volent, on ne les entend pas. » La littérature des lumières reste sa bible. *Zadig*, le célèbre conte de Voltaire, lui permet de faire passer la leçon de morale. « Tu ne voleras point ! » Le roi Zadig recherche un homme de confiance qui deviendra son trésorier. Devant chaque candidat, on fait disposer diamants et pierres précieuses. Le nouveau trésorier est celui qui n'a pas succombé à la tentation. « Et vous qu'auriez-vous fait ? » demande-t-elle. Sur soixante-dix élèves, trois seulement déclarent refuser le vol. La première, c'est Jacqueline Chrétien qui porte bien son nom : « Pour rien au monde, je ne voudrais devenir "Jacqueline Voleur". » Les deux autres sont de jeunes garçons africains. « Dans ma famille on ne vole pas », répond fièrement Sourou Thiam, tandis que Mahomet Gueye prophétise : « Ma grand-mère m'a dit qu'on coupait la main des voleurs. Moi, je me serais contenté de regarder ces beaux diamants illuminer de mille feux le couloir. » Les journées de cours s'achèvent souvent par des débats sur l'actualité. « Que pensez-vous de Mussolini et d'Hitler ? » questionne-t-elle un jour. Les réponses sont autant de précieux éléments sur la personnalité et l'environnement familial de chacun des élèves. Et malgré cette entorse au règlement du lycée qui veut qu'on n'aborde jamais la politique à l'école, l'enseignement de Germaine Le Goff continue d'être cité en exemple. Partout, l'administration loue ses profondes aptitudes en matière d'éducation. « Madame Le Goff sait faire régner l'ordre sans abuser de la discipline. Institutrice née, éducatrice née », félicite un inspecteur lors d'une visite. « Il faut simplement intéresser l'élève », répond-elle. Dans l'enseignement Le Goff, il n'y aucune place pour la religion. L'éducatrice refuse toute démonstration de prosélytisme et d'intolérance. On est chrétien, musulman, ou animiste, on se respecte mutuellement. Un jour en plein cours, plusieurs élèves sont priés de s'excuser auprès d'un des leurs dont ils ont raillé le gri-gri. « Les porteurs de scapulaire n'ont pas à donner de leçon », s'exclame-t-elle. Dans la classe, plusieurs jeunes filles portent cette petite étoffe bénite en guise de protection divine. Pour l'institutrice qui a grandi dans une des régions les plus catholiques de France, tout cela n'est que « superstition » ! L'affaire fait grand bruit. Son attitude irrite le clergé local. Et une fois de plus, comme en Bretagne, l'institutrice est montrée du doigt. C'est une rouge, le diable en personne ! Alerté, l'évêque de Dakar dépose une plainte auprès de l'inspecteur général qui se voit obligé de convoquer, par principe, l'institutrice. Malgré le grand respect qu'il lui porte, Albert Charton est contraint de la mettre en garde : « Attention, soyez prudente, essayez de ne heurter personne », la prévient-il amicalement. L'homme sait l'influence de l'évêque sur le gouverneur général et les conséquences qui pourraient en découler. Un frein à sa carrière, ou, pire, l'exclusion définitive du système éducatif en A.-O.F. L'éducatrice modèle est intègre. Elle a depuis longtemps choisi son camp. Elle défend des valeurs modernes. Sa religion est imaginaire et humaine, il n'y a pas de « vie supraterrestre », comme elle dit, mais un seul objectif commun, le bonheur ici-bas, pour tous ! L'égalité des chances. Une des valeurs charnières de son enseignement. Le soir, après ses cours, elle donne encore la leçon aux derniers de la classe. Un soutien scolaire, souvent bénévole, pour tous ceux « qui ont les yeux ouverts mais dont l'esprit fait l'école buissonnière ». Elle apprend à les connaître et à leur faire comprendre par le dialogue les raisons profondes de l'échec. L'égalité, une valeur montante alors qu'aux élections législatives de 1936 le Front populaire a remporté le scrutin. Le nouveau gouvernement de Léon Blum est celui de la justice sociale. L'institutrice n'a pas voté, mais elle observe. Pour la première fois dans l'histoire, un député sénégalais fait son entrée dans un gouvernement français. Lamine Gueye, originaire de Saint-Louis, devient secrétaire d'État. L'arrivée au pouvoir de la gauche se concrétise à Dakar par l'arrivée d'un nouveau gouverneur général. Les méthodes sont nouvelles. La soirée organisée pour célébrer son arrivée est ouverte à tout le monde sans distinction de classe ni de race. Pour la première fois dans l'histoire de l'Afrique occidentale, une foule bigarrée pénètre dans le parc du palais du gouverneur. En quelques minutes, le buffet est pris d'assaut. Le champagne coule à flots, les toasts de saumon, les fromages, petits fours et gâteaux sont engloutis, puis les portes se referment. « Il n'y a même pas de bal. Du jamais vu ! C'est une honte. » L'idéologie du Front populaire fait son entrée avec fracas dans la société bien hiérarchisée des colonies. Et si Germaine Le Goff n'a pas voté – en tant qu'éducatrice, elle a fait de sa neutralité politique une règle –, elle observe la scène avec une certaine satisfaction. « Un juste retour des choses », pense-t-elle, alors qu'elle vient d'achever un rapport, « Les Noirs se suicident-ils en A.-O.F. ? », sur l'impact du déshonneur chez les Noirs africains dans les humiliations quotidiennes infligées par les Blancs. L'étude constate l'augmentation des suicides chez une population déboussolée par les nouvelles valeurs. Dans l'esprit de l'humaniste, le geste d'ouverture du nouveau gouverneur général est un début de réhabilitation. Les tirailleurs sénégalais ne sont pas morts pour rien. Au milieu des années 1930, l'empire colonial français est au sommet de sa puissance. Les expositions qui louent sa diversité et sa grandeur se succèdent avec toutes autant de succès. Et pourtant, les failles de cet empire-là apparaissent. Il y a ceux qui veulent aller plus loin. Ceux qui veulent puiser toujours plus dans ses richesses naturelles, dans sa main d'œuvre pour mieux assurer la suprématie de la France dans le monde. Il y a ceux encore qui voient dans la colonisation éclairée un moyen de divulguer les valeurs humanistes de la république française. Et il y a ceux qui trouvent que tout cela coûte trop cher. Les mentalités changent. À l'intérieur de cet empire, une génération d'hommes savants et lettrés émerge. Les noms d'un intellectuel martiniquais et d'un Sénégalais y apparaissent régulièrement. Aimé Césaire et Léopold Sédar Senghor défendent ce qu'ils appellent la négritude. C'est la reconnaissance des cultures et traditions indigènes. Mais la fin 1936 est marquée par une tragédie qui assombrit le ciel bleu de Dakar. L'existence est un empilement de faits divers. Et l'actualité qui s'est introduite dans le poste TSF commence à ponctuer cette réalité-là. Malgré une météo clémente, Jean Mermoz ne répond plus. À 10 heures 43 ce même jour, le pilote a prévenu : « Le moteur arrière droit doit être stoppé. » Puis plus rien. On le dit au large des côtes du Brésil. Le lendemain, on est toujours sans nouvelles de son hydravion *La Croix-du-Sud* qui assure régulièrement la liaison Dakar-Natal. Des paquebots, des navires de commerce et « même un hydravion allemand » vont sillonner la zone pendant plusieurs semaines. En vain. « L'angoisse, qui n'a cessé de grandir, se transforme en une affreuse certitude » affirme *Le Figaro* le 9 décembre 1936. Pas de miracle, « l'archange » n'est plus. Son fidèle compagnon des airs Antoine de Saint-Exupéry écrit alors : « Telle est la morale que Mermoz et d'autres nous ont enseignée. La grandeur d'un métier est peut-être, avant tout, d'unir des hommes : il n'est qu'un luxe véritable, et c'est celui des relations humaines. En travaillant pour les seuls biens matériels, nous bâtissons nous-mêmes notre prison. Nous nous enfermons solitaires, avec notre monnaie de cendre qui ne procure rien qui vaille de vivre. »

Pour les Le Goff, une page se tourne, cette tragédie vient sceller définitivement celle de Saint-Louis, celle de Dakar, celle des rêves inachevés, voici venu le temps de la réalisation. Voici venu le temps des relations humaines.

1937-1938 : LA NAISSANCE DE L'ÉCOLE DE RUFISQUE

L'année 1937 a mal commencé. Modeste Caillens, le gendre des Le Goff est nommé trésorier du Niger à Niamey. Le petit Claude est parti avec les larmes et des promesses de retour. Les époux Le Goff ont retrouvé le silence de la maison vide. Germaine se raccroche à ses activités. Pendant l'année, sous l'impulsion du nouveau gouverneur général de l'A.-O.F., monsieur Marcel de Coppet, le projet de fondation d'une école normale d'institutrices pour jeunes femmes africaines ressort des cartons. L'idée a été lancée il y a plusieurs années déjà par Germaine Le Goff en personne, à la suite de la question de l'élève Bonama Fofana de Saint-Louis. Depuis vingt ans, il n'existe en Afrique occidentale en tout et pour tout qu'une seule école de sages-femmes. Les fillettes africaines n'ont droit qu'à un enseignement primaire et secondaire, là où les hommes peuvent suivre des études universitaires. Pour Germaine Le Goff, ce nouvel établissement doit être l'équivalent de l'École normale d'instituteurs William Ponty de Dakar fondée en 1903. Les jeunes filles seront recrutées dans toute l'Afrique française, occidentale, mais aussi équatoriale, du Sénégal au Cameroun en passant par le Dahomey[1] ou le Niger. Depuis son arrivée dans les colonies, l'institutrice a multiplié les rapports sur l'éducation des fillettes indigènes. Elle s'est intéressée de près à la polygamie et à la profondeur de son enracinement dans la société africaine qui cantonne la femme à un rôle secondaire, voire subalterne. Elle connaît aussi le sujet tabou de l'excision. Dans son esprit, l'école est un moyen d'émanciper l'Africaine, autant que d'élever les masses qui profiteront de cette évolution. « La France a fait des unités éclairées, écrit-elle dans son journal intime, elle n'a pas de femmes éclairées. Elle s'est occupée de l'homme, elle ne s'est pas souciée de la femme. Or l'individu isolé est un faible. Le couple seul est fort. La France veut faire entrer l'Afrique dans la civilisation. Elle n'y parviendra qu'en élevant la mentalité de la femme, cheville ouvrière de la société indigène. » Ses recherches, son expérience du terrain, et les conclusions de son enseignement, sont non seulement un outil précieux pour l'amélioration du système éducatif en A.-O.F., mais autant d'atouts qui joueront en sa faveur à l'heure de créer enfin cette nouvelle institution. En métropole, le climat s'assombrit. Sur les bancs du parlement, les extrêmes s'affrontent régulièrement et menacent les autres partis en dehors de l'hémicycle.

1. Le Dahomey est un royaume africain désuet, situé dans le sud du Bénin actuel.

C'est déjà la guerre à la social-démocratie, aux banquiers, aux juifs. Léon Blum pourtant pas hostile à la colonisation, est considéré comme un traître à l'Empire alors qu'il veut améliorer le sort des « indigènes ». Au printemps 1937, bloqué dans ses réformes par le parlement et le Sénat, notamment lors d'un bref projet de loi relatif à l'exercice des droits politiques par certaines catégories de sujets français en Algérie, le gouvernement réformateur de Léon Blum démissionne. L'époque est à nouveau incertaine.

Dès l'été, l'inspecteur général de l'éducation, et proche ami des Le Goff, Albert Charton insiste cependant pour que Germaine se rende au Congrès international de l'évolution culturelle des peuples coloniaux. À la table, il y aussi Léopold Sédar Senghor. Ce jeune écrivain et professeur de lettres à Tours, très influencé par la pensée humaniste de Léon Blum, membre de la SFIO est l'invité d'honneur. Le colloque a lieu, en présence du gouverneur général de Coppet, à l'I.F.A.N., le tout nouvel Institut français d'Afrique noire dirigé par un chercheur ethnologue, Théodore Monod. Germaine Le Goff s'y rend avec un discours bien rodé sur l'éducation des femmes en A.-O.F. Elle a une conviction profonde, son combat est en parfaite harmonie avec ce nouveau courant humaniste. Dans un de ses nombreux rapports, n'a-t-elle pas écrit : « Le milieu africain est complexe. Non, les Africains ne sont pas des sauvages. Ils éprouvent des sentiments subtils, des pensées profondément réfléchies. Si bien que dès que nos écoles s'ouvrent à eux, ils franchissent d'un bond sans difficulté, plusieurs générations d'un coup. » On lui présente le jeune et talentueux intellectuel sénégalais. Il lui sourit. Il a vaguement entendu parler de son travail et de ses convictions. Elle lui dit : « Monsieur Senghor, pourquoi enseignez-vous aux petits Français. Ne pensez-vous pas que les élèves africains ont besoin de vous ici ? » La question est rapide et laissée sans réponse alors qu'on dirige le groupe vers la salle de conférence. Dans son cartable, Germaine Le Goff a aussi emporté plusieurs exemplaires de son traité sur l'éducation des femmes en Afrique. Dedans, il y a tout ce qu'elle va dire dans le micro. On lui concède un temps de parole. L'institutrice ne mâche pas ses mots et défend un enseignement moderne adapté au milieu et à la condition familiale traditionnelle : « Je veux apprendre à ces jeunes filles leur métier de femme et leur faire comprendre que le balai est leur fusil. Attention prévient-elle, "L'œuf ne danse pas avec la pierre", dit le proverbe africain. Il faut un enseignement adapté aux femmes. Car pour gagner la confiance des jeunes filles, il faut douceur et patience. Les garçons plus effrontés doivent être menés par une main virile. » Au congrès, elle déplore encore le retard accumulé par l'administration coloniale en ce sens. « Quel dommage qu'on n'ait pas, dès le début de la colonisation, mené de front l'éducation des hommes et des femmes, même s'il est vrai que l'organisation traditionnelle de la société est un sérieux obstacle. L'instruction de la femme se heurte à l'égoïsme des hommes, qui ne veulent, ni pour eux ni pour leurs enfants, des femmes instruites, capables de discuter, de raisonner, de résister. » La salle applaudit. Léopold Sédar Senghor la félicite. Germaine Le Goff poursuit : « Il faut promouvoir une masse africaine, faire apercevoir un nouvel horizon, aider à créer une Afrique nouvelle dans laquelle la femme comme l'homme pourront s'épanouir. Rôle modeste mais ô combien nécessaire et noble. Cette école fera de ces jeunes filles les monitrices d'un nouveau foyer éclairé. Cette école s'orientera vers l'éducation de la fillette africaine dans son milieu et pour son milieu ! » La création d'une École normale d'institutrices de l'A.O.F. répond principalement à la nécessité de rétablir un équilibre « intellectuel » au sein des ménages africains. En métropole, le 13 mars 1938, Léon Blum est à nouveau nommé président du Conseil des ministres par le président de la République Albert Lebrun. Cette fois-ci, il propose non pas un nouveau grand ministère de gauche, mais un gouvernement d'unité nationale autour du Front populaire, afin de faire face à la menace allemande. Le 21 mars 1938, le Gouverneur général – conforté par le retour des « progressistes » au pouvoir – rend publique sa décision de créer la première École normale d'institutrices pour jeunes filles à Rufisque. La ville est située en bord mer, à une trentaine de kilomètres de Dakar. Germaine Le Goff postule tout naturellement. Son profil est le bon. Ses thèses ont été entendues. Elle a reçu plusieurs distinctions pour le travail accompli depuis 1923. Élevée au rang d'officier de l'instruction publique en 1927, elle a aussi été décorée de la médaille d'or de l'Académie française. Cette école est la sienne ! « Quand on croit fermement à la vérité, on trouve les accents pour convaincre. », aime-t-elle à répéter. Elle écrit d'abord à son fidèle ami Albert Charton, l'inspecteur général de l'enseignement. L'homme est déterminant dans le choix de la future directrice de l'établissement pilote. C'est lui qui depuis le début l'a appuyée, défendue. Lui encore qui a fait passer le message auprès des hautes autorités. Un fidèle soutien. Le parrain de Claude fait partie du clan Le Goff. Dans sa lettre de motivation, elle va droit au but, bien décidée à ne pas laisser passer cette chance-là. « Monsieur l'inspecteur général, j'aimerais diriger cette école. Il y a quatre ans, je parlais déjà du déséquilibre de cette société indigène, dans laquelle l'homme cultivé par l'école française ne trouvait plus de compagne digne de lui. Pour faire un travail intéressant et utile, j'aurais grand besoin de vivre tout près de ces jeunes filles indigènes afin de mieux connaître la vie familiale et sociale en Afrique et essayer ensuite de l'améliorer. J'aime mon métier d'institutrice [...] et je vous assure de mon dévouement à cette œuvre. » L'inspecteur général appuie aussitôt sa candidature auprès du gouverneur général en précisant : « Madame le Goff a le don et la passion de l'enseignement. C'est à coup sûr une institutrice d'élite alliant la fougue à la méthode, l'autorité et le feu sacré. » La réponse ne tarde pas. C'est une lettre officielle avec les couleurs et le sceau de la République, quelques lignes sobres tapées à la machine : « Madame Germaine Le Goff est chargée des fonctions de directrice de l'École normale de jeunes filles. La présente décision aura ses effets à compter du 1er novembre 1938. Monsieur Geismar, adjoint au gouverneur général de l'Afrique occidentale française. » Elle sera donc la fondatrice de la première École normale d'institutrices pour jeunes filles africaines. Cette école qu'elle a tant rêvée et souhaitée. Un détail ne lui échappe pas. L'établissement ouvrira ses portes pratiquement cent ans jour pour jour après la création de la première École normale d'institutrices en France. Malheureusement, entretemps, le 8 avril, le second cabinet Blum tourne court. Une fois de plus, le refus du Sénat d'accorder les pleins pouvoirs financiers au leader de la SFIO oblige le gouvernement à démissionner. Mais la dynamique est lancée. Peu importe la politique, peu importe les décideurs, les obstacles. Rien ne fera plus reculer l'institutrice « têtue » de Douarnenez. Dès l'été, le recrutement commence. Germaine Le Goff recense sur dossier les meilleurs éléments de plusieurs lycées de l'Afrique de l'Ouest. La majorité des jeunes filles proviennent des grandes villes, la plupart appartiennent à l'élite montante noire africaine, d'un milieu aisé et cultivé. Le concours d'entrée a lieu au lycée mixte de Dakar. Dictée, composition française ainsi qu'une épreuve de sciences attendent les futures candidates, déjà en possession, au minimum, du certificat d'études primaires. Faute de temps et de moyens, il n'y a pas d'examen oral pour les premiers postulants, au grand regret de la fondatrice de Rufisque. Au terme de ce concours d'entrée, une minorité d'entre elles est finalement admise. La promotion 1938 concerne une quarantaine d'élèves seulement, plus de la moitié sont des filles de fonctionnaires, et pour le reste, leurs parents sont des commerçants ou des artisans. Une seule élève est fille de navigateur. Au moment de leur inscription, les élèves s'engagent à suivre le cycle en entier et à travailler pendant dix ans au service de l'État dans l'administration. L'école française pour jeunes filles, selon Germaine Le Goff, c'est « instruire et créer des esprits clairvoyants qui échapperont peu à peu aux superstitions qui abrutissent et terrifient. Il faut former ces fillettes en vue d'une triple tâche : diriger une maison, être une bonne épouse et, tâche plus essentielle encore, participer à l'évolution sociale du continent ! »

1938-1939 : LA PREMIÈRE PROMOTION

C'est une ancienne maison de commerce d'arachides, en forme de U, avec une cour intérieure. Un bâtiment sans charme, un peu austère même. Dans la rue, les roues des wagonnets qui transportent la marchandise grincent sur les rails dans un vacarme assourdissant. La visite de l'école est une déception. Douze ans après l'expérience de Saint-Louis, Germaine Le Goff doit faire face à la même réalité. La réalité qui fait que jamais les choses ne sont comme on les imagine. Jamais simples. Non, la grande institution modèle pour jeunes filles dont elle a rêvé est faite de bric et de broc sur des économies de bout de ficelle. « La future école de la jeunesse ressemble à une prison », s'indigne Germaine Le Goff. « Elle ne sera jamais située que dans le méchant quartier d'une ville très laide et bruyante. L'ambiance est peu propice à un enseignement moral ! »

déplore-t-elle dans une requête adressée à l'inspecteur général. C'est l'indignation alors que dans le même temps, les locaux de l'École normale d'instituteurs William Ponty sont transférés dans de nouvelles constructions beaucoup plus modernes et spacieuses, à Sébikhotane en grande banlieue de Dakar. En comparaison, les budgets débloqués pour Rufisque sont dérisoires. Le gouvernement général n'a voulu prendre aucun risque. C'est une expérience pilote qui doit prouver sa viabilité dans le temps. En cas d'échec, les parents déjà sceptiques pourraient se retourner contre l'administration centrale. Dans l'esprit des autorités, les moyens mis à la disposition de l'école évolueront en fonction de ses résultats. Loin de Paris, l'éducation des femmes n'est pas encore tout à fait une priorité. La nouvelle directrice a l'habitude de retrousser ses manches. Aidée de deux amis, ingénieurs des travaux publics, l'un breton, l'autre marseillais, elle décide d'améliorer le confort et l'apparence générale de son établissement, de faire du neuf avec de l'ancien. Elle re-dessine elle-même les plans du bâtiment. À l'étage, pour faire entrer la lumière, on creuse des ouvertures dans le mur. Chaque fenêtre donne sur un balcon soutenu par des colonnes. Une réussite. Cette petite modification architecturale concède à l'édifice une certaine élégance aérienne qui tranche avec l'allure militaire d'origine. Pour égayer l'ensemble, le jardinier est chargé de planter des bougainvillées au pied des colonnes qui grimperont sur les façades. Au milieu de la cour, plusieurs parterres de fleurs et des fontaines d'eau achèvent de donner à l'ensemble une touche de fraîcheur et de vie. « À l'ombre des feuilles, les jeunes filles seront protégées du soleil. » Germaine Le Goff fait aussi aménager un jardin potager au fond de la cour. Lentement l'école prend des airs de maison de famille, de villa à la campagne ; accueillante. La nouvelle directrice connaît l'importance du détail. À Silfiac, les couleurs avaient fait oublier le gris du ciel. À Rufisque, la nouvelle maison d'accueil doit réussir à faire oublier l'environnement familial. En quelques semaines, l'École normale pour jeunes filles commence à prendre forme. Les pièces sont assez spacieuses et abritent des salles de cours et de réunion, une salle des fêtes et un réfectoire. Sur chacune des tables, il y a une nappe et un vase de fleurs. Le dortoir se trouve à l'étage avec sur chaque lit, des draps verts et roses qui tranchent avec l'aspect monastique de cette longue pièce un peu obscure. Malgré tous ces efforts, quelques jours seulement avant l'arrivée des premières élèves, il manque l'essentiel : le mobilier des classes, les fournitures, mais surtout la plupart des professeurs. Le 15 septembre 1938, un premier contingent de jeunes filles issues du Dahomey et du Togo, pays réputés pour leur bon niveau de scolarisation, pénètre enfin par le grand porche, dans la cour principale de l'école. Ces jeunes filles, en retard de quelques jours sur la date d'arrivée, ont fait, pour certaines, un long voyage par bateau. Elles sont épuisées, anxieuses et peut-être tristes. Au milieu de la cour, il y a la directrice, avec à sa droite, mademoiselle Auffret, la sœur de son premier mari, institutrice elle aussi. C'est une proche de Germaine Le Goff, elle l'a faite venir de France pour la soutenir et la seconder dans sa tâche. À côté d'elle encore, il y a là une professeure de français, et aussi la cuisinière.

Chacune a été priée de se mettre sur son trente et un. La tenue de la directrice se veut irréprochable. C'est une robe à pois noirs et blancs, élégante mais sobre. Il ne faut pas complexer les jeunes filles. Certes, pour l'occasion, la directrice est allée se faire tresser les cheveux en chignon mais elle ne porte volontairement ni maquillage ni bijou. La directrice d'un établissement modèle doit inspirer une simplicité sans fard ni artifice. Devant elle, les jeunes filles qui se mettent en rang sont plus élégantes encore. Germaine Le Goff est aussitôt impressionnée par la diversité vestimentaire qui varie, le plus souvent, en fonction de la religion. Les chrétiennes sont vêtues à l'occidentale, portent des bijoux et de grands foulards noués autour du cou. Les musulmanes revêtent plutôt de grands boubous multicolores. Plus tard dans la journée, d'autres élèves issues du Sénégal, de Guinée, de Côte d'Ivoire ou du Soudan rejoignent les premières. « Nous vous saluons et vous souhaitons la bienvenue dans notre maison, leur adresse la directrice. Vous êtes ici non pas dans une école mais dans une maison d'éducation ! L'avenir de cette maison dépend de vous. Je veux que chacune d'entre vous s'y sente en confiance et dorme le soir la paix au cœur. » Toutes les élèves sont venues très chargées. Elles ont entassé dans leurs bagages vêtements, souvenirs et denrées alimentaires du pays d'origine. Les Dahoméennes et les Togolaises ont emporté avec elles bassines, piments et huile de palme. Des confits de crevettes, oranges, citrons, bananes et manioc remplissent les sacs des Ivoiriennes et des Guinéennes. Les Soudanaises ont pris du riz et des pommes de terre. Enfin les Sénégalaises ont du couscous sucré, des noix de coco, des goyaves et des papayes. Valises, sacs de lins, cartons sont empilés dans la cour. Pour la directrice, face à tant de diversité, une première mesure s'impose. « De ces groupes disparates, il faudra faire un ensemble harmonieux ! » précise-t-elle à son adjointe. Les premiers jours, la directrice discute beaucoup. C'est la méthode Djenné. Elle veut d'abord apprendre à mieux les connaître, à mieux les comprendre surtout, pour adapter son enseignement. Qui sont-elles ? Un soir, juste avant l'extinction des feux, Germaine Le Goff fait rassembler les jeunes filles dans une classe. Elle leur pose une question : « Vous avez quitté votre pays, votre famille. Quels conseils les différents membres de votre famille vous ont-ils donnés avant de partir ? » Une d'entre elles, Afiavi, répond que ses parents l'ont obligée à rendre visite à son grand-père, le vénérable Kossi, pour recevoir ses conseils et sa bénédiction. Elle raconte encore que le vieux sage a invoqué les ancêtres pour la protéger du mauvais sort et qu'il a dit ceci : « Il faut que tu saches que ton père, homme de raison, que ta mère au cœur tendre ne t'envoient pas dans un pays si près de celui des "Yovos", des Blancs, pour que tu aies le plaisir de montrer ta personne aux étrangers. Travaille tête baissée, yeux baissés. Si tu cultives la paresse, tu récolteras misère. Mais si tu sèmes activité, que le Dieu puissant de la terre te donne joies et richesses. Maintenant, tu vas connaître le monde et souffrir loin de la case. Résigne-toi à la souffrance, c'est elle qui te mûrit. Ceux qui n'ont pas souffert demeurent des enfants toute leur vie. » Aminata raconte pour sa part que lors du dernier rassemblement familial, sa mère a beaucoup pleuré et qu'elle lui a donné un dernier conseil : « On ne peut avoir le cœur en paix, Aminata, lorsqu'on laisse une jeune fille s'en aller seule au loin. Les voyages sont bons pour les hommes. Ta place, ma fille, était ici dans la case. Enfin, pars ma fille, puisque c'est ton choix. Méfie-toi quand même de toutes ces filles avec qui tu vas vivre et que tu ne connais pas. Les gens qui habitent ce pays ne sont pas comme nous, on dit même ici que leurs chats sont sorciers. Pars, tu es maintenant la fille des Yovos, tu dois obéir aux "Madames blanches" et toujours acquiescer. Ô mon Aminata, que les fétiches aient pitié de nous et qu'ils te gardent en bonne santé. Ne m'oublie pas dans ta grande école. Et si tu deviens un personnage important chez les Blancs, ne me dédaigne pas. »

Le soir, Germaine Le Goff aime se promener sur la plage avec Joseph. Vivre en Afrique, c'est aussi prendre le temps de respirer un autre air. Elle regarde l'horizon. Les bateaux au loin partent peut-être pour l'Amérique. Ira-t-elle un jour là-bas ? Le vent se lève parfois, qui affole les mouettes et balaie les pervenches de Madagascar aux fenêtres. Elle sait qu'elle vit peut-être le plus beau moment de son existence. Elle se réalise comme on dit. Combien de mois, d'années, durera cette accalmie ?

L'ÉCOLE NORMALE POUR JEUNES FILLES DE RUFISQUE

La directrice de Rufisque a retenu quelques leçons de son enfance en Bretagne. Par exemple, que l'unification des masses passe par la langue. Dans cette logique, elle impose l'usage du français à l'intérieur de l'établissement, mais tolère les discussions dans la cour, avec leurs mots à elles, en wolof, éwé, fon ou peul, dont elle aime écouter et reconnaître la sonorité. Parfois, elle repense au breton, souvent interdit lui aussi, du côté de Douarnenez. Elle partage parfois, discrètement, quelques mots avec Joseph. Ne jamais oublier ses racines. Savoir d'où l'on vient. Mais l'école ne peut tolérer toutes les particularités. Il faut bien un vecteur commun pour communiquer. Le français s'impose donc. L'harmonisation passe encore par l'uniforme, le même pour toutes : une blouse écossaise ou vichy pour les cours, une robe à fleurs pour les sorties. Les sandales et le bandeau pour retenir les cheveux deviennent la règle. Le short est de rigueur pour les activités sportives. « Les élèves sont trop douillettes », déplore-t-elle. « Elles sont destinées à être des fonctionnaires, il faut qu'elles apprennent à vaincre par l'oubli leurs fatigues et leurs malaises. » Un moniteur de gymnastique dispensera des exercices de culture physique, à base de sports collectifs, de séances de décrassage physique et de jeux stimulants. Les premières semaines de cours se transforment en ateliers de couture improvisés, sous le regard bienveillant de mademoiselle Auffret. La directrice a commandé une dizaine de machines à coudre Singer, plusieurs bobines de fil, des mètres de tissu et de la toile d'avion en quantité considérable. À l'aide des machines à coudre modernes, les élèves confectionnent en chœur un uniforme aux couleurs vives et gaies. À l'intérieur de l'établissement, l'ambiance est rapidement bon enfant. Deux rituels ponctuent la journée, le chant du lever et celui du coucher. Des hymnes à la vie, à la beauté, à l'amitié pour donner du cœur à l'ouvrage : « Aimons-nous, pour trouver notre tâche moins rude, notre terre moins âpre et notre ciel plus beau. Et malheur à celui qui, dans la solitude, va du seuil de la vie aux portes du tombeau. » « Aimons-nous, pour trouver notre tâche moins rude, notre terre moins âpre et notre ciel plus beau. Ô France chérie, France de nos amours, sois toujours bénie, prospère toujours. » Ce sont des chants d'amour où la France et l'Afrique sont louées conjointement. « Salut à toi, belle terre africaine, Terre sacrée où dorment nos aïeux. La France un jour m'adopta comme sienne. Et d'être ses enfants soyons heureux. Depuis ce jour nous avons l'espérance, de mériter ce qu'elle a fait pour nous. Et de grand cœur nous te disons ô France. France pour toujours compte sur nous. » Le chant du soir, en général l'*Hymne à la nuit* de Jean-Philippe Rameau, doit calmer les esprits et apaiser les âmes. Dès vingt et une heures, à l'appel de la cloche, les élèves sont rassemblées dans le foyer, avant de rejoindre le dortoir : « Ô nuit ! Qu'il est profond ton silence. Quand les étoiles d'or scintillent dans les cieux ; J'aime ton manteau radieux ; Ton calme est infini, ta splendeur est immense. [bis] Ô Nuit ! Toi qui fais naître les songes, Calme le malheureux qui souffre en son réduit ! Sois compatissante pour lui. Prolonge son sommeil, prends pitié de sa peine, Dissipe la douleur, nuit limpide et sereine. [bis] Ô Nuit ! Qu'il est profond ton silence ; Quand les étoiles d'or scintillent dans les cieux ; J'aime ton manteau radieux ; Ton calme est infini, ta splendeur est immense. [bis] Ô Nuit ! Toi qui fais naître les songes, Emporte loin de nous les soucis et les maux. Et que de nos rêves si beaux L'heureux enchantement jusqu'au jour se prolonge. [bis] Ô Nuit ! Apporte-nous l'espérance. Toi qui sur nos maisons diffuses sa douceur Que ta paix élève nos cœurs Vers l'amour généreux du beau pays de France. [bis] » Certains refrains sont de vieux chants bretons que la directrice fait resurgir de son passé. « Ô Bretagne bien aimée, la grande mer viendra sur ton sommeil. » Les chants dénotent parfois dans ce contexte africain. Ils plaisent néanmoins à des jeunes filles qui ont pris le goût du lointain en quittant leurs pays respectifs. La directrice aime les entendre chanter le soir, avant de retrouver les bras de Morphée. Elle les regarde parfois discrètement, derrière les contrevents, depuis la fenêtre. Elle entend dans leur voix, dans les rires aussi, le bonheur d'être ensemble. Ce n'est pas rien. Les élèves sont heureuses dans cette maison « familiale ». Loin de la Bretagne, et de sa propre fratrie, Germaine Le Goff s'est bel et bien recréé un foyer.

La Loi d'amour (auteur inconnu)

Aimons-nous pour trouver
Notre tâche moins rude
Notre terre moins âpre
Et notre ciel plus beau
Et malheur à celui qui dans la solitude
Va du seuil de la vie aux portes du tombeau (bis) !

Aimons l'homme malgré ses erreurs et ses fautes
Consolons sa misère avec notre amitié
Ce qui rend le cœur bon fait aussi l'âme haute
C'est d'avoir peu d'orgueil et beaucoup de pitié (bis) !

Donc pitié pour tous ceux que l'infortune assaille
Pitié même à la honte et pardon au remord
Pitié pour les vaincus de la dure bataille
Aimons les malheureux comme on aime les morts (bis) !

La justice a changé la face de la terre
Mais si la charité remontait vers les cieux
L'homme se trouverait comme un enfant sans mère
L'âme mélancolique et le front soucieux (bis) !

En échange de cette convivialité, le règlement est strict. Entre elles, les élèves s'appellent « compagne » ou « sœur ». La hiérarchie s'organise selon la promotion ou l'expérience. « Mon aînée », disent-elles aux plus âgées, parole accompagnée d'une génuflexion, de rigueur dans la tradition africaine. Les punitions vont du simple blâme au renvoi définitif mais dans l'ensemble, les élèves sont dociles, « animées du désir de bien faire, fort polies, reconnaissantes et affectueuses. L'amour qu'elles portent toutes à la France, sincère et profond, a ému leurs professeurs », précise-t-elle dans une lettre adressée à l'inspecteur général. Germaine Le Goff exige néanmoins de leur part un comportement exemplaire. Pour ce faire, elle les responsabilise, sans jamais les humilier. Elle ne supporte pas la méchanceté gratuite, celle qu'elle a vécue dans sa propre chair, au tableau des éducateurs impitoyables. Elle sait néanmoins, que le respect passe par l'exigence. Et diriger, c'est ne jamais dévoiler complètement ses sentiments. « Dure mais juste », dit-on d'elle. L'hygiène de vie se veut irréprochable. À six heures du matin, dès le réveil, les pensionnaires vêtues de leurs pagnes blancs et bleus, sont conduites vers les douches. Elles en ressortent impeccablement habillées en « normaliennes ». Après le petit déjeuner, suivi d'une courte étude, la journée commence par les tâches ménagères. Les jeunes filles doivent s'occuper intégralement de l'entretien sanitaire de l'établissement. « Ici pas d'employés, ni domestiques, que des bonnes ménagères. » Chacune se voit attribuer une mission qui varie d'un mois à l'autre. Dortoirs, réfectoires et classes sont balayés, astiqués quotidiennement sous le regard attentif de la directrice : « Les balais griffent les parquets, les chiffons giflent ou caressent les meubles, les arrosoirs reverdissent et revivifient parterres et pelouses. Des pensées de Madagascar ou des roses dans des vases de terre cuite, ornent toutes les salles aux rideaux roses. » Des parents, le plus souvent des pères, se plaignent par courrier d'un tel traitement, « Madame, nous vous avons confié nos enfants pour les instruire, non pour faire ces travaux-là. » Mais la directrice ne se laisse pas impressionner, elle a une réponse toute faite : « Écrivez cher Monsieur, au ministre de la France d'Outre-Mer, moi je ne suis qu'une exécutrice. » Très vite, Germaine Le Goff entretient une correspondance complice avec certains d'entre eux. Elle les informe des grandes orientations scolaires de l'établissement et exige, en échange, d'en savoir un peu plus sur les filles. De quel milieu provient chacune d'entre elles ? Quelle éducation ont-elles reçue ? Quelle est leur place dans la famille ? Autant de questions qui lui permettent de constituer un épais dossier scolaire avec une fiche individuelle pour chaque élève. Sur cette fiche, elle recopie scrupuleusement les précieuses informations. Sans le savoir, elle entreprend un travail ethnologique. Au milieu de l'année, Germaine Le Goff introduit un nouvel exercice qu'elle a imaginé dans son projet d'éducation. Elle le baptise, « la causerie morale ». Chaque matin, la journée scolaire commence par vingt minutes de débat sur l'éducation dans la famille ou la vie dans la société. Selon son vœu, les institutrices doivent appuyer cette réflexion « autant sur des proverbes, des contes indigènes que sur les fables de La Fontaine ». L'exercice doit permettre une meilleure appréhension des cultures, dans la confrontation. « Développez surtout leur force d'aimer », conseille-t-elle. « C'est peut-être la seule force susceptible de transformer complètement un être. La vraie vie est une montée, il faut stimuler leur volonté de s'améliorer », martèle la directrice. Durant cette « causerie morale », les jeunes filles sont invitées à parler ouvertement de ce qu'elles ont vécu ou de ce qu'elles pensent. « Madame, ce que j'ai entendu à votre égard, sur les femmes blanches en général, n'est pas très gentil, mais puis-je le dire quand même ? » « Allez-y, ne vous gênez pas. » La directrice anime de temps à autre le débat, ou y assiste discrètement en prenant des notes. C'est comme ça qu'elle rédige une petite enquête intitulée : « Ce que les femmes noires pensent des blanches » « De toutes les femmes, la femme blanche est la plus fragile. Si faible que l'homme te tend la main pour t'aider à descendre de la voiture, pour te soutenir quand tu gravis les marches d'un escalier. Vite fatiguée, tu n'aimes que les longues promenades en voiture ou les longs repos sur ta chaise longue. Pour t'occuper, tu tricotes des vêtements chauds, ô frileuse peau blanchie. Malgré ta faiblesse, tu es rarement malade comme tu connais les remèdes qui te donnent la santé. Mais les produits pharmaceutiques ne peuvent donner qu'une vigueur apparente. Et l'on te voit mourir d'un rien. » À travers cet exercice quotidien, l'éducatrice veut aussi débattre des relations entre hommes et femmes dans les sociétés traditionnelles, avec en ligne de mire le thème brûlant de la polygamie qu'elle a déjà évoqué à Djenné.

« L'homme est fait pour plusieurs femmes et la femme pour un seul homme. C'est la jalousie qui fait de toi, femme blanche, femme française, l'être caressant et tendre que tu es : pour garder ton mari. Tu es une reine, et tu reçois tous les hommages. Tu tiens une telle place que ton mari en devient invisible. Quand une femme blanche est quelque part, on ne voit pas son mari. Elle commande et son mari obéit. C'est elle qui prend le coupe-coupe. Le mari n'est qu'un chaland qu'elle conduit, une corde qu'elle tire, un souffle, une cendre, une coque d'arachide vide. » Les préjugés racistes sont au cœur des débats. La directrice veut éradiquer les incompréhensions. Pour elle, l'avenir du monde, et de l'Afrique en particulier, passe par une plus grande solidarité des peuples, et dans cette école, par l'union des jeunes filles. « Vous avez horreur de la guerre. Vous criez avec juste indignation, Hitler est le diable et les Allemands sont des démons. Les Allemands rêvent en pleine paix de destructions, d'incendies, de batailles, de sang, de morts, à cause de l'éducation qu'on a mise dans leurs têtes et dans leurs cœurs. Ils ont un sentiment de haine contre ceux qui ne sont pas nés allemands. Mais vous ne songez pas que vous leur ressemblez lorsque vous vous plaisez à dire : "Chez nous au Togo, on n'aime pas les Dahoméens." "Au Sénégal, on n'aime pas ceux du Sud." Vous dites trop souvent : on n'aime pas, on n'aime pas. Unissez vos voix, vos mains, vos cœurs. Je ne suis pas Fatou, Lalla ou Frida, je suis une élève de l'École normale et je me sens plus forte ainsi, prête à faire besogne utile. » Par cet exercice, la fraternité inter-ethnique s'impose lentement dans l'enceinte de l'établissement même si, en secret, la directrice fait quelques différences. « Les élèves du Togo et du Dahomey sont plus intellectuelles et supérieures. Elles forment comme l'aristocratie de l'école, c'est à elles qu'on doit le bon esprit et la bonne entente au sein de l'école », confie-t-elle dans un de ses rapports trimestriels. Dans cette optique, la directrice exige de ceux qu'elle appelle déjà « mes enfants », la plus ferme tolérance religieuse. « Il y a une part divine en chacune d'entre vous », aime-t-elle à répéter pour ne faire aucune différence. Une religieuse conduit les catholiques à la messe tous les dimanches. Le jeudi après-midi, l'école est ouverte aux pasteurs protestants. Quant aux musulmanes, elles ont un temps de prière le vendredi et sont les plus discrètes. Si discrètes que la directrice s'en étonne : « On dirait qu'elles n'ont pas de religion. » Dans l'esprit de la directrice, les jeunes filles doivent vivre dans la plus grande tolérance leur culture pour s'ouvrir ensuite à celle des autres. Afin de les aider à mieux accepter leurs propres traditions si souvent méprisées par le colonisateur, la directrice imagine un exercice joyeux. Il consiste à reconstituer dans une salle vide un intérieur proprement africain. Pendant quinze jours, deux ou trois jeunes filles fabriquent des tissus, achètent, rassemblent et confectionnent des objets artisanaux pour décorer, meubler, rendre agréable et vivante cette « case ». Des nattes multicolores, des peaux de panthère servent de tapis. Des draperies, vanneries et photographies décorent les murs. Calebasses découpées, bronzes sculptures en bois, poteries et fleurs ornent les meubles. La cuisine fait partie de l'exercice. Les élèves préparent des plats et des jus de fruits traditionnels. Une note d'inspection à haut coefficient vient sanctionner l'exercice qui se termine le plus souvent par une petite fête. À travers cet exercice très apprécié, certaines jeunes filles plus occidentalisées que d'autres, redécouvrent les valeurs de l'Afrique. « Vous êtes appelées à travailler en brousse!

Apprenez déjà votre métier de femme! Mes enfants, vous êtes africaines, soyez en fières, n'ayez pas honte de vos traditions, portez haut vos couleurs. Mes filles, surtout, restez africaines », répète Germaine Le Goff.

Parfois, les jours de tempête, le vent ramène du sable du Sahara. L'établissement se couvre d'une fine couche minérale. Sur son rocking-chair, au balcon, elle regarde sa montre. Dehors, le soleil se couche déjà. Quelle heure peut-il être? Dans son bonheur, la directrice perd la notion du temps. La cloche sonne pourtant qui le lui rappelle. « Que le temps passe vite en cette Afrique. Il nous échappe souvent lorsqu'on est heureux », écrit-elle.

1939-1940 : LA MÉTHODE LE GOFF

Il n'y a pas de nuages au-dessus de Rufisque. La mer est là et on ne la voit pas, sauf pendant la promenade du soir. Les filles font parfois des échauffements sur la plage, au coup de sifflet du moniteur de sport. La mer, on l'entend, surtout la nuit, après les autos et les wagons, quand le vent se lève et qu'il fait légèrement trembler le drapeau tricolore dans la cour. Rufisque vit derrière ses murs. La nuit, on souhaite le début de l'aube. C'est une cloche joyeuse qui sonne le matin. Et de sa fenêtre, la directrice aperçoit les premières jeunes filles courir au milieu de l'école, avec les éclats de rire en écho. Rufisque vit dans la tiédeur des journées douces. Lentement, l'école trouve sa vitesse de croisière. Au début de l'année 1939, trois nouveaux professeurs intègrent l'école normale. Mme Morge est professeur de mathématiques ; Mme You dispense les cours de sciences ; enfin, Mme Tournois est professeur d'histoire-géographie. Un renforcement tardif. Rufisque n'a décidément pas bonne réputation. Ou bien si : celle d'une ville commerçante, bruyante et sale. Sans charme. Pendant les cours qui durent de huit heures à midi, une grande partie est consacrée à l'enseignement de la langue française et à l'étude de quelques auteurs et ouvrages choisis. Corneille, les auteurs romantiques, Victor Hugo et Lamartine ont la faveur des élèves. Rapidement, la bibliothèque s'enrichit de près de six cents livres dont plusieurs atlas et manuels scolaires sur la France d'Outre-mer. L'histoire-géographie tient une place prépondérante dans l'enseignement de Rufisque. Les jeunes filles doivent connaître les principales dates de l'histoire française, mais aussi approfondir la culture de leurs propres ancêtres. Qui sont les Peuls, les Toucouleurs, les Diolas ? D'où vient la culture mandingue ? Chaque élève raconte son univers. La directrice insiste pour que les jeunes filles connaissent par cœur la carte du continent africain, qu'elles sachent y situer les tribus, les principales villes, les richesses naturelles. L'Afrique devient la préoccupation de son enseignement. On ne pense pas à la métropole, ou seulement par les livres. Dans la bibliothèque encore, il y a des recueils de poésie, quelques œuvres de Molière, dont *Les Précieuses ridicules* ou *Les Fourberies de Scapin*. Les histoires de Mamadou et Kadidia dont la directrice a écrit quelques chapitres sont au complet. Parmi ces livres encore, *La Vie domestique de Schefer*, un dictionnaire illustré sur la France d'Outre-mer que les jeunes filles consultent longuement. Les élèves bénéficient de plusieurs heures de temps libre. Certaines brodent, cuisinent ou se maquillent, d'autres lisent longuement. La directrice déplore chez la plupart un manque d'intérêt pour les sciences. L'arithmétique ne les passionne guère. Joseph Le Goff, qui travaille encore au lycée mixte de Dakar, consacre une partie de son temps libre à épauler son épouse. Il a trouvé une idée astucieuse pour préparer les jeunes filles à gérer le budget de leur futur foyer. Chaque mois, à tour de rôle, elles sont invitées à élaborer les menus de la cantine. Elles font les courses et les additions, apprenant ainsi à prendre en considération la valeur des denrées alimentaires. Les après-midis sont réservés à des exercices pratiques. Elles suivent des leçons d'infirmerie et de pédiatrie dans un dispensaire voisin. Elles y apprennent à s'occuper des nouveau-nés et prodiguent des soins à quelques malades. Parfois, en fin de journée, certaines élèves rejoignent Joseph Le Goff pour poser de longues heures dans son atelier de sculpture. Il est installé au dernier étage d'un bâtiment, à l'écart de la cour et du bruit. Ce sont des œuvres en plâtre ou en terre cuite. Bien souvent des nus de jeunes femmes africaines, des danseuses, des mères à l'enfant, des porteuses d'eau. Germaine Le Goff encourage son mari. Elle aime le voir à l'œuvre, elle aime regarder ses mains dans la terre. Ces longues mains qui cognent avec un marteau contre la pierre. Elle aime ce talent. Le talent de celui qui ne parle pas ou peu, et toujours pour dire l'essentiel. Les filles disent que c'est un philosophe. Avec son grand front dégarni, son visage poupon, Joseph Le Goff a quelque chose de l'artisan modeste. Peut-être même Germaine Le Goff sait-elle l'attirance d'un homme blanc pour une jeune femme noire. Une jeune femme qui a les yeux baissés et qui relève d'une main pudique son boubou sur ses seins offerts. Elle ne le dit pas car on ne dit pas. Les sculptures de Joseph sont un peu le reflet de ce qu'ils voient ensemble depuis le début. La beauté de ces femmes, c'est l'Afrique. L'Afrique qui continue d'affluer dans la petite école. Au milieu de l'année, trois jeunes filles issues du Cameroun ont rejoint l'effectif. Malgré des petits soucis matériels, l'enseignement à Rufisque donne des satisfactions. La tâche est rude pourtant. Le bruit n'arrange rien. Le passage des wagonnets oblige souvent les professeurs à interrompre leurs cours pendant de longues minutes. Surtout, une école de filles au cœur d'une ville ouvrière n'est pas des plus reposantes pour les surveillantes. Les garçons du quartier ont pris l'habitude de regarder par la fenêtre pendant les cours. Malgré ces contraintes et l'isolement familial, les élèves sont motivées et les résultats suivent. Les premières promotions ont réussi leur intégration dans l'établissement. En deux ans, l'école s'est forgée une excellente réputation dans toute l'Afrique-Occidentale française et attire de plus en plus de candidates. À la demande de l'inspecteur général, les futures éducatrices de l'Afrique sont prises en photo. Les jeunes filles sont alignées dans la cour, devant les classes. Au premier rang, assises, il y a les éducatrices, et au milieu, la directrice. Pour la rentrée 1940, on prévoit de doubler les effectifs. Mais les premiers soucis apparaissent lors du congé annuel d'été. Au retour des vacances, la directrice apprend la défection des trois dernières enseignantes qui ont rejoint Rufisque. L'une d'elles est gravement malade, les autres n'ont pas envie de revenir. Pour la directrice, c'est un affront. Le casse-tête du recrutement reprend.

Dans une lettre au directeur général de l'instruction publique, elle dénonce le manque de volonté et de moyens attribués par le gouvernement général pour lui permettre de mener à bien sa mission : « Il serait nécessaire de recruter dans la métropole des femmes bien portantes, intelligentes et consciencieuses. Il ne manque pas en France de femmes ayant fait de leur métier un apostolat. [...] Le tout sera de les décider à quitter la France, à renoncer à leurs habitudes. Ce n'est pas chose impossible si on leur parle d'aller vers une tâche nouvelle, passionnante, utile entre toutes puisqu'elle ne vise à rien moins qu'à créer des foyers franco-africains où l'on aimera et bénira la France. » Une formule habile qui ne reste pas lettre morte. Quelques semaines plus tard, les remplaçantes sont là. Elles ont le profil souhaité. Ce ne sont plus des femmes célibataires, certaines sont mariées et toutes semblent avoir à cœur de participer au dessein de la directrice. Une fois de plus, l'apparente quiétude ne dure que quelque temps. À Dakar, le gouverneur général de Coppet est relevé de ses fonctions pour être remplacé par un militaire beaucoup moins ouvert aux expériences progressistes que son prédécesseur.

En Europe, la guerre éclate. Les troupes françaises et britanniques s'installent derrière la ligne Maginot en attendant l'assaut. Tous les budgets sont revus à la baisse au profit de l'effort de guerre. Par l'intermédiaire de la Croix-Rouge, les élèves confectionnent des vêtements pour les combattants et organisent des représentations théâtrales pour récupérer des dons. Une mutuelle est créée au sein de l'école. Au début de l'année 1940, le changement se fait sentir. Alors que la guerre fait rage dans l'est de la France, du matériel de couchage est réquisitionné par les militaires français dans tous les établissements publics. Rufisque n'échappe pas à la règle. Dans le même temps, l'enveloppe du budget général de l'école est réduite à une peau de chagrin. Une mauvaise nouvelle alors même que la famille rufisquoise s'est agrandie d'une cinquantaine de nouvelles pensionnaires. Les promesses d'aménagements et d'agrandissements sont suspendues. Faute de place, les pensionnaires sont entassées dans les dortoirs. Certaines élèves dorment par terre sur une paillasse. Et dans le réfectoire, des bancs d'école servent de tables improvisées. Cette lente dégradation du confort de l'établissement s'illustre par un problème constant de pénurie d'eau. L'hygiène et l'entretien de l'école s'en ressentent, malgré les efforts de la directrice pour sauver les apparences. Les toilettes sont souvent bouchées, les parquets sales, les draps et vêtements mal lavés et usés. Les punaises font leur apparition dans certaines pièces.

Le monde entre dans une période de troubles. Le 17 juin 1940, quelques jours après le défilé des troupes allemandes sur les Champs-Élysées, le maréchal Pétain fait don de sa personne à la nation dans un discours radiophonique. Philippe Pétain remplace le radical Paul Reynaud à la présidence du Conseil. Le lendemain, depuis Londres, le général de Gaulle invite les armées à rejoindre la Résistance. La marine française se saborde à Toulon en 1942. Dans le tumulte de la guerre et des mauvaises nouvelles qui se succèdent en gros titres dans les journaux, l'horizon du tout nouveau lycée de Rufisque s'obscurcit. Une école d'institutrices en Afrique ressemble à du superflu lorsque sur le front les hommes se battent. Il faut des infirmières, pas des institutrices. Dans les colonies, le régime se durcit, les principaux dirigeants de la France d'Outre-mer ont décidé de s'aligner sur la ligne tracée par Vichy. Le nouveau gouverneur général Pierre Boisson fait partie de ceux-là, il est entièrement dévoué à Vichy. Il installe ses quartiers à la maison du gouverneur de l'île de Gorée, point stratégique situé à l'entrée du port de Dakar. Le vent de liberté a soufflé, celui de la rigueur a sonné. Au fronton des établissements publics, on accroche la nouvelle devise : Travail, Famille, Patrie. Et sur les courriers administratifs, le cachet de l'État français remplace discrètement celui de la République. Fin septembre 1940, la guerre est aux portes de Rufisque. Le soir, on entend les raids de l'aviation alliée et les coups de canon gronder aux alentours de Dakar. L'étau se resserre autour de la capitale de l'A.-O.F., encerclée par les troupes gaullistes. Plusieurs navires militaires, avec à leur bord des soldats britanniques et français, sont au large des côtes. L'opération est pilotée par le général de Gaulle en personne qui veut faire débarquer ses troupes en Afrique de l'Ouest pour remonter vers le Maghreb. Le chef de la France Libre comprend vite qu'un débarquement des troupes alliées à Dakar est impossible, face à la résistance des soldats fidèles au Maréchal, il tente alors une percée par Rusfique, sans succès. Quelques bombes atterrissent près de l'école. Un contre-torpilleur français échoue sur la plage. La menace se rapproche. Dans ce contexte, le transfert de l'école normale est sérieusement envisagé. La lente dégradation sanitaire de l'établissement s'accentue. Et les maladies apparaissent : bronchites, crises de paludisme et méningites sont courantes. L'infirmerie ne désemplit pas. Certaines tuyauteries en mauvais état laissent échapper de l'eau par endroits. Des gouttes qui font des flaques. Il n'y a ni plombier ni argent pour payer les réparations. Il faut se débrouiller. Joseph Le Goff enroule des torchons autour des tuyaux défectueux et ferme certains robinets. Les jeunes filles vont de maison en maison, bidon à la main, pour obtenir un peu d'eau. Face à l'insistance de la directrice, l'Institut Pasteur offre gracieusement deux filtres. Mais la maison de la bonne ménagère ressemble au *Radeau de la Méduse*. Un radeau qui prend l'eau. Le gouvernement général envisage plus sérieusement le transfert de l'école normale en Côte d'Ivoire avec l'idée de récupérer les locaux vacants pour enfermer les prisonniers. Une provocation. La directrice s'y oppose, après tant d'efforts pour aménager l'établissement. Rufisque n'est plus une prison. Mais sur le terrain, les opérations alliées sont autant d'échecs retentissants. En novembre 1940, les canonnières de Dakar coulent deux torpilleurs britanniques aux alentours de l'île de Gorée. Le danger s'écarte et l'idée du transfert est temporairement abandonnée. Au prix de quelques sacrifices : pour l'année 1941, les salaires du personnel de Rufisque et les investissements seront gelés.

Aux yeux des nouveaux dirigeants de l'A.-O.F., Germaine Le Goff est une forte tête. La directrice respectée jusque-là pour son sérieux et la réputation de son éducation morale est désormais dans le collimateur des autorités. Elle refuse d'obtempérer aux ordres de Vichy, et en privé, elle ne cache pas ses sympathies gaullistes. Un matin, alors que deux jeunes élèves chantonnent naïvement le fameux refrain pétainiste, à force de l'avoir entendu dans les rues de Rufisque, « Maréchal, nous voilà ! » la directrice descend les escaliers en courant : « Mes enfants, vous ne savez pas ce que vous chantez là. C'est la France de l'Occupation, la France qui a accepté de collaborer avec les Allemands. Retenez bien ceci : personne n'entonnera cet hymne honteux tant que j'aurai la charge de cet établissement. »

1940-1942 : RUFISQUE SOUS VICHY

L'école de Rufisque est entrée en résistance. Elle vit à l'heure des bulletins d'actualité qui grésillent sur la BBC. La police de Rufisque est chargée de surveiller de près les agissements de la directrice de l'école normale. Par crainte de voir ses idées subversives se propager, Germaine Le Goff est assignée à résidence et l'on fait tendre autour de son appartement un long fil barbelé. Rufisque vit dans l'autosubsistance, un peu confinée dans ses murs, mais pas complètement à l'abri du qu'en-dira-t-on. Il faut montrer patte de velours. La vente annuelle des divers travaux des jeunes filles rapporte, et l'école multiplie les bonnes actions. Foires, expositions, soirées de gala se succèdent. Les jeunes filles présentent des pièces de théâtre, organisent des spectacles de danse qui égayent les heures sombres de la guerre. Lors de ces fêtes, Germaine Le Goff tient à ce que chaque élève soit revêtue de la tenue traditionnelle de son ethnie. En général, les filles s'habillent par groupe, selon la région d'origine. On dit les Dahoméennes, les Béninoises, les Soudanaises. Ce sont des heures de défilés au milieu de la cour dans les rires. À Rufisque, la guerre ressemble parfois à une rumeur. Avec l'argent récolté, on achète des denrées alimentaires pour les prisonniers et les familles françaises acculées au rationnement là-bas. « Les fêtes servent à faire connaître l'œuvre de l'école française laïque », se réjouit la directrice. Une attitude de façade car, dans le secret, la directrice aide aussi les réseaux de résistance. Le reste des dons récoltés est consacré à l'achat de fournitures scolaires et au renouvellement du matériel. La directrice fait acheter un piano, un frigidaire et des tables de nuit afin que les élèves puissent lire dans les dortoirs. Le succès de la mutuelle est tel que, avec le reste de la cagnotte, la directrice organise des sorties « pique-nique », en car, aux Almadies, sur la côte. Parfois, les jeunes filles vont aussi au cinéma, à L'Empire, près de la corniche, voir des films français. Les temps sont durs mais le moral est bon. En dépit des restrictions, les rations de mil, de riz, de semoule ou de pain ne manquent pas et la nourriture est satisfaisante. Les jeunes filles conservent le sourire et la foi en leur directrice à qui, au fond, elles ont juré fidélité.

Pour tenter de contrôler l'établissement, le haut-commissaire demande à la directrice de faire des rapports réguliers sur ses activités. Il demande aussi à lire sa correspondance avec les parents d'élèves. On veut vérifier ainsi la réputation de l'établissement. Au passage, les heures consacrées à la morale ne cessent d'être renforcées, passant de 3h30 en 1940 à 4h30 par semaine en 1941. On y promeut certaines valeurs comme la modestie, la charité ou la justice, la discrétion et la politesse, on y bannit surtout l'égoïsme. Pour inciter les jeunes filles à lire et les guider dans leur formation spirituelle et philosophique, la directrice en personne choisit les lectures. Elle veut éviter à tous prix les « cours de morale sèche ». Elle commande entre autres plusieurs ouvrages de Molière, Lamartine, Victor Hugo, La Fontaine, Racine ou encore Corneille. Les consignes du ministère imposent les thèmes : « Le devoir envers soi-même », la réputation, le sentiment de l'honneur, la notion de propriété, d'économie et de prévoyance. Encadrée par les représentants du régime de Vichy, Le Goff est obligée de jouer en partie le jeu, sous peine d'être relevée de ses fonctions sur-le-champ. Un certificat de bonne vie et de bonnes mœurs est même délivré en fin d'année par le commissaire de police local. Sur le livret, il est écrit : « Je certifie que Mlle... réside à Rufisque et que depuis ce temps sa conduite et sa moralité n'ont donné lieu à aucune remarque défavorable. » Il doit être co-signé par la directrice et des témoins.

Malheureusement, dans la même année, deux jeunes filles tombent enceintes. Commence alors un long et douloureux processus de renvoi des pensionnaires fautives. Dans ce registre, le règlement scolaire est strict, mais Germaine Le Goff se veut conciliante là où les autorités le sont moins. Elle le fait savoir dans une lettre adressée à l'inspecteur général. Elle s'oppose au renvoi de ces élèves et propose, dans le pire des cas, un avortement discret dans l'hôpital le plus proche.

> On demande sévèrement la révocation de ces deux jeunes institutrices débutantes. On les accuse d'être enceintes dans un milieu où le mariage est une simple entente entre deux familles qui s'accordent sur une dot, milieu qui ne fait aucune différence entre un enfant légitime et naturel. On inflige des blâmes à deux pauvres gosses. Deux jeunes filles qui ne comprennent même pas leur faute. Cette erreur de tout juger par rapport à la France mène à une injustice. Cette punition aura des conséquences plus désastreuses.

Sa requête reste sans succès. Sous la pression de l'administration, les deux jeunes filles sont mises au ban de l'école, puis renvoyées quelques semaines plus tard, après un long conseil de discipline.

Dans le même temps, l'école de Rufisque continue son expérience et renouvelle lentement ses effectifs. Les premières promotions obtiennent leur diplôme d'institutrice et quittent à regret la maison de Rufisque. Ce sont des adieux déchirants qui durent souvent plusieurs jours. La plupart retournent dans leurs régions respectives et sont fières de mettre en pratique leurs connaissances. Elles écrivent de longues lettres de remerciements à la directrice. « Je marche dans la vie sans peur puisque je ne m'aveulirai jamais dans la bassesse, dans l'inutile ambition qui nuit et perd l'âme », écrit l'une d'entre elles. La directrice garde le lien avec ces jeunes filles qui, après trois ou quatre ans d'internat, se retrouvent confrontées à la réalité de la vie. Elle veut guider leur intégration dans cette nouvelle vie. « Il faut aider ces jeunes filles, surtout lorsqu'elles vivent isolées dans un poste de brousse. Il faut qu'on sache qu'elles sont souvent une parcelle d'humanité bien sympathique. » La plupart de ces jeunes élèves ont déjà une expérience du métier après avoir dispensé des cours dans l'école maternelle annexe. Ce qu'elles ne connaissent pas encore, c'est l'accueil que certains leur réservent. Dans un cahier personnel intitulé « À chaque terre, sa vie », une de ces jeunes institutrices qui s'apprête à quitter l'école écrit à sa directrice :

> Maman semble ignorer que nous sommes les filles d'un pays dur où la nature avec son soleil cuisant, ses moustiques, ses serpents, ses fauves et ses épineux est hostile à l'homme. Maman ne sait pas parce que son esprit est libéré de toutes les superstitions que nous aurons à vivre dans le pays des féticheurs, des sorciers, des « mangeuses d'âmes », dans le pays où l'on peut empoisonner même à distance. Elle ne sait pas que nous aurons à lutter contre l'homme jaloux. Elle ne savait pas en venant du pays de l'au-delà des mers que nous habitions la terre de la méfiance.

Sans le savoir, les jeunes institutrices de Rufisque sont les pionnières d'un féminisme à l'africaine. Des femmes éduquées, savantes et émancipées. On dit qu'elles sont trop européennes, les filles de Rufisque, qu'elles savent utiliser la machine à coudre mais qu'elles n'ont plus le rythme pour piler le mil. À Rufisque, on les surnomme les « demoiselles frigidaires » ou bien encore les « précieuses ridicules ». Elles ont des manières, l'air de. Et elles en rajoutent, elles étalent. C'est Lamartine ou Molière, et parfois Baudelaire. Le réveil est difficile. C'est la brousse qui les attend. L'Afrique profonde. Mais ce sont des missionnaires, elles ont été formées pour s'adapter à tous les milieux. Elles n'ont pas peur, elles ont la foi. L'une d'elle publie en 1942 un texte autobiographique anonyme « Je suis une africaine, j'ai vingt ans » dans la revue *Dakar Jeunes*. Elle y évoque, entre autres, les difficultés de l'après Rufisque : « J'aime la nature belle et calme, la fleur et son parfum, le soleil éblouissant et brûlant de mon Afrique, la nuit sombre ou étoilée, même le cri lugubre du hibou le soir et je suis même indulgente aux sceptiques, à ceux qui critiquent notre école Normale, notre « Maison », sans la connaître et qui pensent qu'éternellement, la femme indigène demeurera impersonnelle, sans dignité, la servante résignée qu'un homme peut prendre ou délaisser suivant son caprice. »

C'est peut-être cela que certains leur reprochent le plus, en dépit d'une certaine foi aveugle en leur mission, l'imitation inconsciente ou volontaire de la « femme blanche ». Dans une lettre au vitriol adressée la même année à un camarade de l'école William Ponty, et interceptée par le service de contrôle postal, un certains François Amorin, alors jeune étudiant en droit, anticolonialiste et panafricaniste tire à boulets rouges sur Germaine Le Goff et ses méthodes, « cette Dame qui, à la fin ou mieux vers la fin d'une carrière banale, comme toute carrière de fonctionnaire, a eu, pour s'illustrer et faire époque, le génie fort louable pour les originaux de créer une institution de marionnettes nègres ». L'auteur évoque même « l'industrie florissante des pucelles Legoffiques ». (Lettre de François Amorin, datée du 8 septembre 1942, interceptée le 16 septembre 1942, tiré de Barthélémy Pascale, *Africaines et diplômées à l'époque coloniale (1918-1957)*, Presses Universitaires de Rennes, 2010.)

Face à ce climat d'hostilité, alimenté parfois par un milieu masculin local qui voit d'un mauvais œil la montée en puissance de cette nouvelle caste de femmes indépendantes, les premières élèves de Rufisque n'hésitent pas à faire remonter auprès de leur ancienne directrice les difficultés du terrain et les appréhensions du début : « C'est vrai, précise l'une d'elles, que nous allons souffrir, mais mieux vaut souffrir et sentir qu'on s'élève plutôt que d'accepter d'être un corps sans âme. » Elles partent en ordre de bataille. On les emmène au train. Elles pleurent souvent, mais elles ont le sourire dans le regard. Certaines ne reviendront plus. « Au revoir, maman », disent-elles à leur directrice. Parfois, elles ont la chance de rester aussi. Elles ne partent pas, elles sont surveillantes en attendant une affectation. D'autres suivent une formation de sage-femme avant de rallier les hôpitaux du front. Mais Germaine Le Goff tente de limiter cette évolution. Ce n'est pas la vocation de son établissement. Et elle ne manque pas de le rappeler à sa tutelle. Elle a créé cette école pour former des enseignantes. Il faut l'écrire, le redire à l'inspecteur général :

> Combien de fois n'ai-je pas entendu pendant mes trois années d'enseignement au Soudan que notre œuvre d'éducation de la masse « indigène » était une œuvre néfaste. Au fil des années la confiance s'est établie face au succès de cet enseignement. Les pères évolués ont rompu avec leurs traditions ancestrales, les chefs et notables ont cru pouvoir faire autrement et ont inscrit leurs filles sur nos registres. En quelques années les inscriptions ont quadruplé, ce n'est peut-être pas un triomphe, en tous les cas, c'est un succès. La femme « indigène » est la reine de sa maison, il importe de l'éduquer pour qu'elle nous aide ensuite dans notre œuvre de civilisation.

Dans la même année, elle reçoit une lettre : « Fatou est mariée, bien mariée, sa mère, sa grand-mère vous disent merci pour avoir bien nourri... et bien éduqué leur enfant. Elle a gardé sa religion, elle n'est pas buveuse de sang de lion [de vin], elle nous aime plus qu'avant. Moi, je suis son père et je vous dis merci ! »

1943-1946 : LA LIBÉRATION

Au début de l'année 1943, Claude, l'enfant tant aimé, le petit-fils, est revenu par le train. Dans la même gare d'où les filles sont parties. Le petit bonhomme est descendu du wagon, sur le quai, avec sa grande valise. Il avait beaucoup de larmes sur les joues. Il a grandi. Ce n'est pas encore un jeune homme, mais il a changé. Sa grand-mère l'a serré dans ses bras. Elle a compris son chagrin.

Entre le début de la guerre et le départ des premières promotions, Monette a quitté son mari. Les Caillens se sont séparés. Germaine Le Goff ne veut plus voir sa fille, partie vivre en Algérie avec un avocat brillant. Claude, l'enfant aux boucles blondes a perdu de sa gaité. Le vide dans le cœur. Sa petite main glisse dans les doigts de la directrice, elle échappe à l'adulte. Pas pour longtemps, car Claude va devenir dorénavant l'enfant d'une maison. C'est lui qui prend la place du milieu sur la photo de fin d'année, par terre à genoux.

Les jeunes filles l'ont adopté. C'est la mascotte. Elles aiment ce petit garçon aux boucles blondes qui ne fait pas de différence. Elles s'occupent de lui, le protègent, le nourrissent. Et Claude sourit. Sa place est ici. Et il y a un camarade, Hippolyte, l'enfant métis, le fils d'une grande famille de Rufisque, qui veut bien jouer avec lui. Et il y a cette femme surtout. Cette femme qu'il entend parfois se mettre en colère et qui ne lui reproche rien à lui. Cette grand-mère dont il est fier, la directrice de l'école normale de Rufisque. Cette femme qui marche vite et fait claquer ses talons dans les couloirs. Cette femme qui a aussi des mots doux avant de dormir. Et qui lui dit qu'il ne faut pas pleurer. La directrice et son petit-fils sont main dans la main dans la rue pour aller faire les courses. Avec le sourire de Claude, l'école a retrouvé la quiétude. Malgré la guerre qui dure, Rufisque vit son bonheur. Avec le soutien de son gendre qui a désavoué son épouse, Germaine saisit le juge aux affaires familiales et obtient la garde exclusive de son petit-fils, au détriment de sa propre fille qu'elle ne reverra jamais plus. Les portes de l'établissement se sont refermées définitivement sur le jeune Claude. À Alger, sa mère vit son idylle dans l'amertume. Qu'elle éponge dans l'alcool. Quelque chose s'est brisé. La directrice de Rufisque montre un autre visage. Celui de la possessivité, de l'impitoyable dureté aussi. Pourquoi cette colère ? L'époque ne pardonne pas les écarts de conduite. Le clan Le Bihan n'est plus. La famille, désormais, c'est Rufisque. À 51 ans, la directrice se sent en sursis, elle sait que son temps est compté. Tout est fragile, rien n'est définitif.

Le 23 octobre 1942, Germaine Le Goff prend l'avion pour Bingerville, la capitale de la Côte d'Ivoire. Elle va voir le bâtiment qui pourrait accueillir les élèves de Rufisque à la prochaine rentrée scolaire. Le transfert sanitaire de l'école normale est programmé. Les élèves et le matériel seront acheminés par bateau. La directrice doit se résigner à repartir de zéro. Elle fait le voyage à contrecœur car elle ne veut plus quitter cet établissement. Elle s'est habituée à vivre ici, derrière les grands murs qui protègent des alizés et de la poussière.

En arrivant à Bingerville, la déception est immense. Certes, la ville domine un lagon, l'endroit est calme et séduisant. Mais les bâtiments réquisitionnés ressemblent à ceux de Rufisque avant les améliorations. Tout est à refaire. Dans l'avion qui la ramène à Dakar, la directrice se résigne pourtant. Elle s'habituera à ce nouveau paysage, à cette lagune, à cette palmeraie, à cette humidité. Qui sait, il pourrait s'agir d'un nouveau départ. Mais a-t-elle seulement envie de repartir, celle qui n'arrive jamais ? Dans sa mémoire, il y a déjà Douarnenez, Vannes, Silfiac, Guiscriff, Réguiny, Djenné, Saint-Louis, Dakar, Rufisque, et donc peut-être demain, Bingerville. Elle sait pourtant où elle veut arriver. Là, à quelques kilomètres de Nantes, sur la route de Paris : Sucé-sur-Erdre, dont la carte postale ressemble à la douce France, avec sa rivière, son café et son bureau de tabac, et même son clocher. Bingerville, pourquoi ? Pour trois ans avant de repartir encore. Mais la providence semble être avec elle, en cette fin d'année 1942. Le 7 décembre, le Sénégal se rallie à la France libre. Quelques mois plus tard, les Alliés débarquent à Dakar et le gouverneur général Pierre Boisson démissionne. En juillet 1943, le général de Gaulle nomme Pierre Charles Cournarie gouverneur général et haut-commissaire en A.-O.F. Le transfert de l'école est définitivement annulé. Les priorités sont ailleurs et ces jeunes filles peuvent devenir utiles. À Rufisque, la nouvelle est accueillie avec un profond soulagement. Au fil des mois, l'école reprend rapidement son souffle, même si la présence de militaires américains dans une caserne juste à côté donne du souci à la directrice. Un soir, ce sont deux soldats qui pénètrent dans les douches des jeunes filles par une fenêtre dérobée. Quelques jours plus tard, des fumigènes lancés par-dessus le mur provoquent la panique en pleine nuit. La directrice s'inquiète. Une enquête est ouverte mais sans succès. Les incidents se succèdent. C'est l'air de la fin, les derniers soubresauts d'une guerre qui s'éternise.

Au début de l'année 1944, les choses s'accélèrent pourtant. L'école normale de Rufisque reçoit en grande pompe la visite de M. René Pleven, commissaire aux Colonies et représentant de la France libre en A.-O.F. Lors de son passage, pour honorer l'œuvre accomplie par le général de Gaulle et la Résistance française, la directrice fait entonner des refrains anti-allemands par les jeunes filles : « Vous n'aurez pas l'Alsace et la Lorraine », scandent-elles en chœur. Et elles chantent aussi à la gloire des tirailleurs sénégalais : « Chantons les Africains qui ont su se battre sans se rendre. » Lors de son discours, la directrice parle de la guerre ici : « Mes élèves ont des sentiments patriotiques ardents, elles ont eu dans les jours sombres des gestes émouvants qui ont fait entre elles et leurs professeurs une union plus forte. »

Dans la foulée de ce mois de janvier 1944, le général de Gaulle entame une longue tournée africaine pour motiver les troupes avant l'assaut final. L'A.-O.F. s'étant rangée du côté des Alliés, la préparation des opérations militaires en Méditerranée se précise. Dakar est la première escale du nouveau libérateur. Derrière la barrière de sécurité, le long de l'avenue principale qui longe le port, il y a la directrice de Rufisque bien sûr. Germaine Le Goff, avec ses gants blancs, son chapeau et ses souliers vernis. Elle tient la main du petit Claude. Le général marche vite et salue la foule. Il s'arrête aussi pour serrer les mains. Elle lui tend l'enfant. Il le prend dans ses bras. Il a un cadeau pour le libérateur, une sculpture d'une jeune fille africaine.

« Cette œuvre est belle, dit le général, qui donc l'a exécutée ?

— C'est mon grand-père, répond Claude.

— Qui est ton grand-père ?

— Le mari de ma grand-mère, la directrice de l'école de Rufisque. »

Le général de Gaulle a souri. Il a embrassé Claude. Il a dit quelques mots à la directrice. Puis, deux jours plus tard, il lui fait parvenir un portrait officiel dédicacé. « À Mme Le Goff, bonne servante de la France. Avec mes hommages respectueux. Charles de Gaulle. »

L'horizon est bleu, le général de Gaulle prépare déjà l'après-guerre. Quelques jours plus tard à Brazzaville, il réunit les gouverneurs généraux de toute l'Afrique française. La capitale du Congo est le symbole de la France libre en outre-mer, le « refuge de notre honneur et de notre indépendance pendant la guerre », s'exclame l'homme de la providence. Cette fois-ci, la directrice entend le message de la radiodiffusion française qui crépite dans le poste du salon.

> Déjà, où commençait la présente guerre mondiale apparaissait la nécessité de placer sur des bases nouvelles les conditions de la mise en valeur de nos territoires africains, celles du progrès des hommes qui y vivent et celles aussi de l'exercice de la souveraineté française. [...] Est-il besoin de dire que la guerre présente n'a fait que précipiter l'évolution. D'abord parce qu'elle fut en grande partie une guerre africaine. Parce que l'enjeu de cette guerre est en réalité la condition de l'homme. Il n'y a pas un homme dans le monde qui, aujourd'hui, ne lève la tête et ne regarde au-delà du jour et interroge son destin.

Presque une promesse de liberté.

L'Union française créée à Brazzaville prend enfin en compte les aspirations locales. Avec des droits pour tous en compensation de l'effort de guerre qui a déjà vu vingt mille tirailleurs sénégalais tomber au champ d'honneur. La conférence évoque aussi la condition de la femme dans les colonies et réaffirme la volonté de promouvoir son évolution. Les temps changent doucement, avec l'avancée des troupes alliées. En juin 1944, elles débarquent en Normandie et encerclent la Provence deux mois plus tard. Puis, la nouvelle tombe comme on tourne un bouton. Paris est libéré. Et la vie sourit à nouveau à Rufisque. La guerre est finie dans les têtes, même si la victoire finale est longue encore.

L'ÂGE DE RAISON

Les mois ont défilé sur le calendrier des années 1940. Peut-être poussés par l'envie de passer à une autre décennie. Il aura fallu encore une rentrée et une année scolaire entière avant d'entendre le mot de la fin. « Mes enfants, la guerre est terminée », a crié la directrice du haut de l'escalier. Les élèves l'ont regardée. On n'entendait pas sa voix. Les cloches sonnaient, paraît-il. Les embrassades, les éclats de joie ont disparu dans le tourbillon de la puissante sirène, comme en 1918. C'est la capitulation nazie. Le 8 mai 1945, une page se tourne aussi à Rufisque.

Germaine Le Goff a cinquante-quatre ans, elle n'est plus qu'à une année de la retraite. Elle ne veut pas partir. Il y a du travail encore. Elle est sûre qu'on va lui accorder une ou deux années supplémentaires pour aller jusqu'au bout de sa mission. La guerre a bousculé ses objectifs, même si la réputation est là. On dit que les filles de Rufisque ne savent pas seulement s'exprimer, qu'elles ne sont pas seulement savantes et débrouillardes, on dit aussi qu'elles savent surtout s'adapter à toutes les situations, à tous les milieux. C'est une éducation, le sceau de Germaine Le Goff. Mais l'aura n'est pas suffisante. Le nouvel inspecteur général de l'enseignement en A.-O.F. ne veut rien entendre. Il ne connaît pas cette dame. Certes, on ne lui en a dit que du bien, mais lui, il connaît seulement le règlement. Il sait qu'elle est déjà trop âgée pour continuer. Et l'après-guerre doit marquer l'avènement d'une nouvelle génération d'éducateurs. Germaine Le Goff fait partie de l'ancienne.

À Rufisque, Germaine Le Goff classe ses dossiers, peaufine ses rapports. Elle relit cette phrase d'une de ses meilleures élèves, Mariama Bâ. Une petite phrase anodine au cœur d'une composition française : « On a blanchi ma tête, mais mon sang nègre piaffe dans mes veines civilisées. » Cinq générations d'institutrices ont déjà quitté son établissement. Toutes ont été affectées dans différentes écoles de l'Afrique de l'Ouest. Les lettres qu'elles écrivent, les échos de leur travail sont positifs. La plupart ont à cœur de poursuivre l'œuvre entamée par celle qu'elles appellent « maman ». La carrière professionnelle de Germaine Le Goff arrive donc à son terme, auréolée, félicitée. Un soir, lors d'une fête organisée en son honneur, au cours de laquelle on joue une pièce de théâtre intitulée *À homme évolué, femme évoluée*, un homme d'une soixantaine d'années s'approche d'elle et lui fait cet aveu : « Madame, j'ai pensé toute la soirée que les hommes de mon pays et de mon âge étaient venus sur la Terre quarante ans trop tôt. » Un peu plus tard encore, après avoir regardé défiler les jeunes filles, c'est au tour d'une vieille femme, courbée et emmitouflée dans un pagne, de s'agenouiller devant la directrice avant de la remercier.

Germaine Le Goff n'a donc plus la volonté de se battre. Elle obéit à la loi. Respectueuse jusqu'au bout du contrat social. Les mésaventures de la guerre, la rigidité du système ont épuisé ses dernières forces. Elle veut écrire, prendre du recul, tirer les conclusions de cette expérience. Retourner en France. Dans ce pays qui retrouve peu à peu sa quiétude et sa joie de vivre. À l'automne 1945, les Le Goff préparent donc cette retraite qu'ils attendent et souhaitent désormais. Les dernières semaines au lycée s'éternisent. Germaine Le Goff tient à veiller au bon déroulement de sa succession. Elle vérifie chaque détail. Elle veut garantir un avenir serein à cette école qu'elle a fondée, et partir l'âme en paix. C'est elle qui propose, parmi son personnel, le nom de sa suppléante. Mlle Paquet, la plus apte à poursuivre l'œuvre déjà accomplie.

Au mois d'octobre, la directrice n'habite déjà plus dans l'établissement. Germaine Le Goff et son mari ont emménagé dans une petite maison simple et confortable juste à l'entrée de la ville. L'ancienne directrice se rend à l'école chaque matin. Elle discute souvent avec les élèves, donne quelques conseils à ses anciens professeurs. Mais au fil des semaines, elle se fait plus discrète. Son départ définitif est programmé juste après les fêtes de Noël qui approchent à grands pas.

Germaine Le Goff refuse la petite fête qu'on propose d'organiser en son honneur. La directrice souhaite un départ modeste.

Le 3 janvier 1946 au matin, au son de la cloche, toutes les jeunes filles de l'école normale de Rufisque sont rassemblées dans la cour. Les élèves lui ont fait une haie d'honneur, comme aux beaux jours. Mais on ne chante plus. C'est une longue plainte. Elles ont du mal à entonner les refrains du passé. Les gorges sont serrées. Certaines éclatent en sanglots. Germaine Le Goff est accompagnée de la nouvelle directrice. Elle salue une dernière fois ses élèves avant de quitter son école. Cela ressemble à un hiver français. La directrice embrasse une à une ses enfants, avec une petite tape amicale sur l'épaule de chacune en guise d'encouragement. Elle les appelle une dernière fois par leur prénom, puis sourit. « Restez vous-mêmes, leur dit-elle, vous êtes africaines, soyez fières et solidaires. Vous êtes les couleurs de la vie. L'or des moissons de l'août. Vous êtes le rire franc qui libère, la poésie chantante, dansante. Mes filles, restez africaines, l'avenir vous appartient. » Les visages sont crispés. Les professeurs s'efforcent de rendre l'atmosphère plus légère. Quelques refrains sont murmurés, mais les mots ne sortent pas. Les minutes sont précieuses et défilent en secondes au compteur de l'horloge. On la retient par le bras : « Qu'allez-vous faire en France ? Votre vie est ici. Là-bas, vos amis vous ont oubliée. Vous êtes devenue africaine et vous savez que nous vous aimons bien. Quand vous serez vieille, vous regretterez vos filles de l'école normale qui jamais ne vous laisseraient seule aux heures de la maladie et de la mort. » « Partez quelques mois, mais revenez vite, vos filles ont besoin de vous », lui confie le gouverneur général Pierre-Charles Cournarie. Mais la directrice est déjà ailleurs, là-bas peut-être, dans cette maison française. Elle part pour revenir chez elle. Les élèves la regardent s'en aller. Elle porte une robe toute simple, peut-être la même que le jour de l'inauguration. Ses cheveux sont tirés en arrière avec quelques tresses sur les côtés. Elle est elle-même, élégante, droite, sans fard. Elle tient la main de Claude.

Germaine Le Goff ne se retourne pas. Sa vie est ailleurs. Elle se laisse guider par cet instinct qui a fait son destin. Dans son for intérieur, elle sait que le chapitre de l'Afrique se referme et que la France, avec ses herbes hautes, ses champs verts, ses clochers, ses saisons l'attend pour un autre voyage, peut-être le dernier. Elle croit à la logique de la vie, aux expériences qui s'achèvent, aux quatre saisons et à la mort. Finalement, elle ne croit pas aux romans. Elle n'a pas peur de ce qui l'attend ni le goût de l'éternité. Sa modestie de campagne, son humilité des gens d'en bas lui ont appris à goûter ce qu'on doit vivre et à accepter ce qui nous est retiré. Car en fait, le destin n'appartient pas aux gens modestes. Ici-bas, on ne choisit pas, on subit. Peut-être a-t-elle juste un pincement au cœur au moment où la voiture démarre. Peut-être une larme coule-t-elle sur sa joue, lorsque, derrière, s'éloigne le porche de cette école où sept ans d'une « vie intense » se sont écoulés. Sept, le chiffre parfait. 1938-1945 : cela ressemble à une tombe, c'est une brèche dans l'existence. Un peu plus qu'une guerre. Dans la voiture, elle a posé sa tête contre la fenêtre pour voir s'éloigner l'ancien comptoir de commerce : son école. Joseph parle, elle ne l'entend pas, elle est absorbée par ses pensées. « Il faudra repeindre le portail d'entrée », se dit-elle tout bas.

Elle a pris la main de Joseph, et dans l'autre elle presse les petits doigts de Claude. Elle serre ces deux mains. La voiture prend de la vitesse et le moteur ronronne déjà la légèreté de l'éloignement. Elle quitte l'Afrique, de la même manière qu'elle a laissé derrière elle la Bretagne vingt-cinq années plus tôt. Dans quelques heures, le ferry endormira les souvenirs dans le roulement des vagues. Dans la nuit, Dakar vue de la mer ressemble à une petite constellation. L'Afrique c'est l'obscurité totale à la lueur des foyers. Germaine Le Goff croit en cette nuit-là.

1946-1986 : LES INDÉPENDANCES

Au bout du voyage, le froid de l'hiver. Un hiver rude, avec des températures basses. La maison est vide, fraîche avec une impression de départ précipité. Celui de l'armée allemande qui l'a occupée quatre ans puis quittée en quelques jours pendant la débâcle. Le froid d'un pays à genoux, à l'image de Nantes, en ruines sous le poids des bombes. La France que Germaine et Joseph Le Goff découvrent en ce mois de janvier n'a pas grand-chose à voir avec celle qu'ils avaient pris l'habitude de retrouver aux congés scolaires d'été, un peu avant la guerre. Une France pauvre, aux routes mal entretenues, aux tickets de rationnement, aux coupures de courant. Une France en guenilles habituée au système D, à la débrouille, au marché noir. Aux premiers jours de leur arrivée, Joseph passe ses journées à couper du bois pour chauffer la grande maison. Germaine confectionne des pulls grâce aux tissus récupérés sur des couvertures. Une vie qui ressemble à celle du début à Douarnenez. Rapidement, la maison de Sucé devient l'école improvisée de Claude qui a raté la rentrée scolaire. Son grand-père lui enseigne les mathématiques, tandis que sa grand-mère s'occupe d'améliorer son français. Sa tante Tochette, qui a rejoint sa sœur, lui assure les leçons d'anglais. Une école temporaire car dès le mois d'avril, Claude intègre finalement le grand lycée Clemenceau de Nantes. Finie, l'école buissonnière, le petit Africain va devoir s'intégrer dans un pays étranger, tout blanc, sans promenade le long de la corniche, sans soleil au réveil. Les années vont passer désormais, ressemblantes, marquées seulement par les succès et les échecs scolaires de Claude, un jeune adolescent promis à un beau destin. À cette époque, Germaine Le Goff écrit beaucoup, des lettres surtout, à ses anciennes élèves qu'elle continue de soutenir et de conseiller malgré la distance. Beaucoup lui répondent et lui parlent des défis qu'elles rencontrent dans leur difficile mission d'éducatrices. Toutes sont exaltées, se disent « remplies d'idéal » et d'espoir dans cette tâche. Une de ses élèves préférées, Afiavi, raconte son quotidien dans un journal intime qu'elle envoie à son ancienne directrice : « Et toi mon Afrique ensoleillée, ô terre aimée où dorment à jamais Adjoa, ma mère, Massanvi, ma sœur, monte vers plus de lumière. Les enfants évolués aideront avec foi et amour leurs frères et sœurs moins favorisés. Ils créeront les hommes et les femmes de l'Afrique nouvelle, des hommes et des femmes aux corps sains et vigoureux, à l'esprit éclairé, au cœur juste et bon et tombera la méfiance et commencera le règne de la clarté et de la paix. » Germaine Le Goff range sa vie, compile ses impressions et entame un long et précieux travail de mémoire. Elle écrit régulièrement dans son bureau. Elle essaye de raconter cette vie, avec ce qui lui reste de temps pour aller jusqu'au bout. Chaque saison, elle accueille chez elle quelques-unes de ses anciennes élèves qui viennent lui parler des souvenirs et lui racontent les bouleversements du continent. Devant elle, loin d'elle et si près, l'Afrique change. Au premier rang, la condition de la femme. À la fin de l'année 1946, la première loi sur le suffrage féminin en A.-O.F. a été promulguée. Cette loi autorise les citoyennes des quatre communes du Sénégal (Dakar, Saint-Louis, Rufisque et Gorée) ainsi que les femmes des zones rurales qui paient une patente à voter. Germaine Le Goff rédige un petit traité sur l'éducation de la femme en Afrique.

« La femme noire en A.-O.F., protégée par le pays des droits de l'homme, ne pouvait pas continuer à vivre dans l'obscurantisme et la servitude qui en découle. La masse "indigène" trop ignorante pour connaître son propre intérêt n'acceptait pas l'évolution de la femme qu'elle prévoyait comme la libération de la femme. Les hommes, les marabouts en tête, ne voulaient pas que les êtres impurs, diminués, puissent leur parler les yeux dans les yeux. Aussi doctes que sages, ils disaient qu'elles alimentaient le feu de l'enfer. Ils ont failli faire échouer cette œuvre bonne et indispensable en clamant que "la maison du papier" en mettant le porte-plume aux mains des filles pervertirait leur âme et que toutes sortiraient de l'école ayant le mépris du pilon. Elle n'est ni simple ni paisible la vie en Afrique pour les Africains.

L'éducation qui leur enlèvera la terreur des malédictions qui obscurcit la raison, cette méfiance aussi de chacun contre tous, de tous contre chacun, sera une éducation bénie. L'œuvre ne peut être néfaste. L'enthousiasme est l'une des qualités des jeunes femmes noires. Aussi nos fillettes mises sur cette voie s'efforcèrent-elles d'acquérir les habitudes et les connaissances qui allaient peu à peu créer en Afrique noire un milieu toujours plus nombreux de femmes évoluées. La femme africaine était une esclave misérable, elle est élevée par l'école à sa dignité de femme. C'est un résultat ! L'œuvre de l'éducation de la femme a réussi sur une élite. Demain, c'est sur la masse tout entière qu'il faudra porter son action. » Lentement, « le continent noir » comme on l'appelle s'émancipe. La carte de la vieille A.-O.F. se lézarde. L'Afrique subsaharienne s'éloigne un peu plus, encouragée par les deux premières guerres d'indépendance, d'Indochine et d'Algérie, qui ébranlent l'édifice. La France se reconstruit, son empire se délite. L'année 1958 marque le retour en force de l'homme de la providence : Charles de Gaulle. Pour les colonisés, il n'est pas seulement l'homme de la France libre, c'est l'homme du monde libre depuis son discours de Brazzaville. Un homme qu'on respecte de Dakar à Niamey. La Guinée, emmenée par un ancien député, Ahmed Sékou Touré, dit non à l'adhésion à la Communauté française lors du référendum organisé par le général de Gaulle qui rencontre partout ailleurs un franc succès. Ainsi la Guinée, l'un des pays les plus riches de l'ancien empire colonial, obtient son indépendance. C'est le premier pays africain à sortir de l'empire colonial français. C'est aussi la première démocratie populaire de toute l'Afrique à s'aligner sur l'Union soviétique. En 1960, d'autres États s'émancipent, d'un seul élan, dans un jeu de dominos. Le Cameroun d'abord, le 1er janvier 1960. Le 4 avril, c'est au tour du Sénégal de déclarer son indépendance. Léopold Sédar Senghor devient le premier président de la République sénégalaise après l'échec de la Fédération du Mali[2] créée un an plus tôt. Puis vient l'indépendance de la Côte d'Ivoire, où le 8 août Félix Houphouët-Boigny s'installe au pouvoir et, dans un discours radiophonique, annonce la nouvelle : « Peuple de mon pays, laisse éclater ta joie, ta souffrance n'a pas été vaine, tu as lutté mais pas inutilement. Aujourd'hui, tu es libre et avec fierté tu entres dans la grande famille des nations. » Dans la foulée, Madagascar et le Congo s'émancipent : « Brazzaville, ville toujours illustre dans le monde des peuples libres, hier haut lieu de la France combattante, devient la capitale d'un État indépendant », s'exclame André Malraux au nom du général de Gaulle, lors d'une visite officielle le 14 août 1960.

En quelques mois, l'Afrique est sortie de l'ombre et connaît l'ivresse des indépendances. Partout, on célèbre la liberté et la fierté recouvrées, l'art et la démocratie. Germaine Le Goff suit ces évolutions dans le salon de sa villa française. Elle observe les convulsions de l'Afrique à travers les images en noir et blanc de son téléviseur. Ce noir et blanc qui ressemble à un

---

2. La Fédération du Mali, formée de la République du Soudan français et du Sénégal, est créée le 17 janvier 1959. Elle se proclame indépendante le 20 juin 1960 avant d'éclater en septembre, en partie à cause de la rivalité entre Léopold Sédar Senghor et Modibo Keita, deux figures du nationalisme africain.

continent. Ce noir et blanc qui met en contraste le présent et le passé, le froid et la sécheresse, le chêne et le baobab. Elle observe avec une certaine appréhension l'Afrique prendre en main son destin. Elle est heureuse, car elle sait aussi que ses filles ont un rôle à jouer. Des femmes promises aux plus hautes fonctions.

En Guinée, l'une de ses plus brillantes élèves, Jeanne Martin Cissé, musulmane pratiquante, institutrice et syndicaliste, devient la première femme ministre de l'Afrique tout entière. Sa réussite personnelle va de pair avec la reconnaissance du continent dans la communauté internationale. En 1961, elle préside la première conférence des femmes à Conakry. En avril 1972, elle devient ambassadeur, représentant permanent de la Guinée aux Nations unies. À ce titre, elle est la première femme du monde à présider un Conseil de sécurité, grâce à l'appui et à la confiance du président Sékou Touré, alors responsable suprême de la révolution populaire. Quelques années plus tard, dans un livre intitulé *Femmes africaines*[3], Jeanne Martin-Cissé rend un hommage appuyé à son éducatrice, la directrice de l'école normale :

> Cette sublime femme a apparemment beaucoup marqué ses élèves, non seulement en leur donnant l'enseignement nécessaire à leur formation professionnelle, mais surtout en leur faisant prendre conscience de leur personnalité à elles, en tant qu'Africaines, en les encourageant à aimer leur pays et leur continent et à en apprécier toutes les richesses culturelles, ce qui, à l'époque, n'était pas chose

3. *Femmes africaines*, propos recueillis par Annette Mbaye d'Erneville, Romorantin, Éditions Martinsart, 1981, p. 135.

courante. Elle a travaillé à incruster en nous l'amour de l'Afrique. Elle nous a appris à rester nous-mêmes. Elle nous a inculqué le goût du travail, de la discipline, de l'effort. Elle m'a guérie de ma lenteur à sortir du lit et elle nous obligeait à défiler au pas, chaque matin, dans les rues de Rufisque. Rien de plus efficace pour nous mettre en forme pour toute une journée. Elle voulait que nous soyons des filles disciplinées, propres et ordonnées. J'essaie aujourd'hui d'adopter cette même conduite dans ma maison avec mes enfants. Elle m'a également donné le goût du travail bien fait, le goût de me former, celui de la lecture, celui de toujours vouloir apprendre quelque chose d'utile. Mme Le Goff a été pour nous plus qu'une mère, elle a été pour nous un modèle, à une époque où personne ne la soutenait : ni les Blancs, ses compatriotes, ni les Noirs, ni les uns et les autres ; pour des raisons contradictoires, tous trouvaient qu'elle faussait notre éducation. Aujourd'hui, les legoffiennes sont au premier rang des femmes militantes, responsables, leaders comme on dit maintenant. Peut-être que l'amour que Germaine Le Goff avait pour l'Afrique, l'amour qu'elle avait de l'être humain, cet amour qu'elle a essayé de nous inculquer, a fait de nous des filles avec beaucoup d'illusions, devenues des femmes idéalistes qui voulaient croire que tout ce qui était autour d'elles était beau. Je pourrais même souligner que nous croyions à l'amour. Elle a été un élément actif de l'unité africaine. Nous ne parlions pas de Guinée, de Sénégal, de Côte d'Ivoire, nous parlions seulement de l'Afrique.

En Côte d'Ivoire, une autre ancienne élève de Rufisque, Jeanne Gervais, mère de sept enfants, ancienne directrice d'une grande école de filles à Abidjan et féministe convaincue, devient en 1965 la première femme députée du Parlement. Elle entre au gouvernement, devient ministre de la Condition féminine. C'est la première femme ministre de toute l'histoire de la Côte d'Ivoire. Dans *Femmes africaines,* elle écrit : « Il faut une chaîne de générations successives pour continuer ce qu'ont commencé les premiers. N'est-ce pas là une autre manière de mourir sans partir ? »

Au Sénégal, les femmes restent actives dans la vie politique. Elles occupent une place centrale dans le dispositif idéologique du président Senghor, fortement alimenté par la mystique du développement et de la construction nationale : « Parce qu'il est temps que la femme, gardienne du foyer et des traditions, soit non seulement l'animatrice principale de la cellule familiale, mais aussi la citoyenne qui apportera son concours constant à l'État, en lui proposant des solutions efficaces dans les secteurs de l'économie domestique, de l'enseignement ménager, de la santé et de la nutrition. » Un peu plus tard, en 1978, une autre ancienne legoffienne, la député socialiste Caroline Diop, présidente du Mouvement national des femmes, est nommée ministre de l'Action sociale par le Premier ministre Abdou Diouf : « Un fauteuil ministériel, plus qu'un prestige, est pour la femme sénégalaise un mérite ; c'est le fruit de la lutte opiniâtre des femmes, entreprise au sein des organisations politico-sociales féminines, instruments importants de la promotion sociale. »

L'ancienne directrice reçoit des nouvelles des unes et des autres. On l'invite à venir sur place retrouver les siennes. Elle fait quelques voyages à travers toute l'Afrique. On l'accueille comme une cheffe d'État.

TRENTE ANS APRÈS

Au mois d'avril 1976, le temps semble s'être arrêté à Sucé-sur-Erdre. Deux enfants jouent dans le jardin et ramassent des œufs de Pâques. Germaine Le Goff et Sandra, l'épouse américaine de Claude, peignent méticuleusement à la gouache les coquilles d'œufs dans le petit salon. Des couleurs vives qui les font ressembler à des pierres précieuses. Qui sont ces enfants ? La vie ! La vie dans cette villa abandonnée, décédée il y a quelques années. L'horloge s'est arrêtée sur un orage. Les feuilles n'ont pas été ramassées dans le parc. Que s'est-il passé à Sucé ? Rien ? Si, le 4 novembre 1964, son fidèle compagnon de vie, Joseph Le Goff, qu'elle appelait tendrement Apé, est mort des suites d'une hémorragie cérébrale. Ses derniers jours ont ressemblé à une lente agonie. Il est parti en silence, en plein hiver, dans une chambre d'hôpital « sans revoir la belle châtaigneraie en fleur ». Depuis, Germaine Le Goff ne referme plus les contrevents de la villa. La maison est grande ouverte pour laisser libre le passage aux fantômes. Des fantômes qui, à force d'années, s'accumulent. En août 1975, Germaine Le Goff reçoit la dernière lettre de Claude, son petit-fils qu'elle a aimé comme son fils. Le petit Claude, celui qu'on retrouve sur les photos de Rufisque, avec ses grands yeux qui regardent ailleurs, ou peut-être vers la fin, assis par terre, les jambes en tailleur, entre Apé et elle, toujours dans ses jupons. Le « plaisir des yeux », disait Joseph Le Goff. Le bel enfant aux longues boucles dorées, qui ressemble au fils rêvé. « C'est l'enfant Jésus », avait dit un jour une cuisinière bretonne. Cet enfant Jésus qui rejouait le monde tout seul dans son coin, avec un large sourire, et qui pleurait en cachette du malheur de son petit monde. Le petit Claude, fils du divorce et fierté des grands-parents Le Goff, était devenu un bel homme entreprenant, banquier et père de famille. Il fut tué un matin de retard, à la fin d'un été, dans un accident de train qui a fait quelques lignes dans un journal. Germaine Le Goff écrit : « Son temps de vie s'est arrêté. Les dieux rappellent à eux, prématurément dit-on, ceux des mortels qu'ils aiment, indifférents à la douleur de ceux qui les aimaient sur terre. » La nouvelle a réduit en poussière le sens d'une vie. Claude, la fierté d'une éducation, l'objet d'un amour maternel sans limites. Claude, ce prénom murmuré dans le noir, les soirs de solitude comme une formule magique appelant le jour. Claude, qui disait, à peine debout sur ses deux jambes : « Partout, où tu vas, je vas, Mamie », s'en est allé avant elle, peut-être par crainte de ne pouvoir vraiment la suivre jusqu'au bout.

« Je t'attends encore à la Châtaigneraie, écrit-elle, tu vas apparaître, là, dans l'allée, tu sors de l'ombre des grands cèdres bleus pour entrer en plein soleil, le bras levé en signe de joie vivante. » Claude a quitté ce monde, les yeux grands ouverts, lui qui aimait les fermer pour réciter des poèmes. Le petit-fils de Rufisque est tombé sur la marche de la vitesse, alors que l'Afrique, elle, essayait de prendre le train de la modernité.

L'hiver revient. Une éclaircie est là pourtant, encore. Germaine Le Goff n'a plus son petit-fils, mais elle a ses filles qui ne l'oublient pas, là-bas. Le soleil toujours, qui vient d'Afrique par la poste et qui lui annonce, dans une lettre officielle de la République sénégalaise, que la nouvelle école normale de jeunes filles, transférée à quelques kilomètres de l'ancienne, portera son nom. Grâce à ces femmes de pouvoir que sont devenues les filles de Rufisque. Ces femmes qui n'ont pas hésité à écrire au président Léopold Sédar Senghor pour offrir à la « vieille maman bretonne » ce cadeau plus cher que tout l'or du monde. Parce qu'elles savent que tout l'or du monde ne vaut pas la richesse de leur cœur d'Africaines. Ces femmes qui n'ont jamais quitté le sol des ancêtres ont la mémoire des griots. L'Afrique n'oublie pas ses parents. Et le président a tenu ses promesses. C'est une si longue lettre dans une journée monotone.

LA NOUVELLE ÉCOLE NORMALE GERMAINE-LE GOFF

Trente ans après le départ de Rufisque, le 11 décembre 1976, le vol Air Afrique en provenance d'Orly atterrit sur la piste de l'aéroport Yof à Dakar avec à son bord Germaine Le Goff. Des dizaines d'anciennes legoffiennes attendent sur le tarmac. Et lorsque la porte de l'avion s'ouvre, elles entonnent les chants d'antan. Au bout de quelques instants, « maman Le Goff » est là au milieu de la portière, en haut de l'escalier. Elle est là, derrière d'autres visages. Elle porte sur la tête un grand chapeau blanc qui lui donne vaguement des allures de star hollywoodienne. Elle a mis autour du cou son collier de perles, et aux poignets ses bijoux en or filigrané qui datent de son époque saint-louisienne. Elle descend l'une après l'autre les marches de l'escalier en s'appuyant fermement sur la rampe. Elle s'arrête plusieurs fois pour reprendre son souffle et peut-être pour respirer l'Afrique. En bas, les tam-tams saluent son arrivée et des femmes de cinquante ou soixante ans sont en liesse, qui dansent, sautillent et rient. Des femmes, ou plutôt des jeunes filles impatientes, qui l'attendent depuis si longtemps. Germaine Le Goff arrive comme elle était partie. Le même chignon, la même couronne de nattes, les mêmes talons, la même robe fleurie.

Une vingtaine de ses filles sont là, toutes vêtues des habits traditionnels qu'elle affectionnait tant. Trente ans ont passé et elle les reconnaît toutes. « Oh toi, c'est Amina, et toi, ma chère Manda, tu n'as pas changé, et Nafisatou, tu es là toi aussi. » Son arrivée sous les applaudissements ressemble à une visite d'État. Les traits tirés par la fatigue du voyage et la dureté des récents événements de sa vie, le visage de Germaine Le Goff s'illumine malgré tout devant tant d'amour, devant cet accueil chaleureux. « *Ici c'est la terre de la Terranga* ! » dit-on au Sénégal pour signifier la cordialité. Ses valises sont lourdes. Ce sont d'ailleurs plutôt des malles, remplies de fournitures scolaires, de crayons, de cahiers, de livres qu'elle a tenu à emporter avec elle pour les remettre aux institutrices du Sénégal. À la sortie de l'aéroport, on l'installe précautionneusement à l'arrière d'un taxi. La route de la reconnaissance s'achève à Thiès, à une cinquantaine de kilomètres de la capitale sénégalaise. Grâce à la détermination des legoffiennes, l'ancienne école normale de Rufisque, déplacée à Thiès, portera désormais définitivement son nom : GERMAINE LE GOFF. Peut-être l'un des rares noms français à ne pas disparaître du registre, dans ce pays libre où l'on « sénégalise » volontairement les rues et les bâtiments publics. L'Afrique cherche à retrouver son identité, à couper le cordon. Mais Le Goff, c'est l'universel. Au bout du voyage à travers la route du retour, l'école qui s'impose devant elle ressemble à ces dessins d'enfants. C'est sans doute l'école qu'elle aurait rêvé d'avoir lorsqu'elle écrivait à l'inspecteur général en 1938. Une école lumineuse aux couleurs primaires, comme une peinture naïve. Ouatée, sans angles droits ni perspectives, aux lignes d'horizon douces, ouverte sur le ciel. Au milieu, des plantes vertes, sauvages, envahissent l'espace. C'est une école qui ressemble à celle qu'évoque Mariama Bâ, écrivaine et ancienne legoffienne, dans son roman *Une si longue lettre* lorsqu'elle se souvient de Rufisque, « une école rose, verte, bleue, jaune, comme un véritable arc-en-ciel ». Une école silencieuse, où les paroles sont des murmures. Germaine Le Goff a lu le roman. Elle n'a pas oublié cette phrase en guise d'hommage : « Aissatou, je n'oublierai jamais la femme blanche qui, la première, a voulu pour nous un destin "hors du commun". » Et quel hommage ! « Nous sortir de l'enlisement des traditions, superstitions et mœurs ; nous faire apprécier de multiples civilisations sans reniement de la nôtre ; élever notre vision du monde, cultiver notre personnalité, renforcer nos qualités, mater nos défauts ; faire fructifier en nous les valeurs de la morale universelle ; voilà la tâche que s'était assignée l'admirable directrice. » Dans la cour, des bancs ont été alignés à l'ombre de quelques baobabs. Devant, sur un podium, on a installé une petite table haute avec un micro. Des officiels parlent, des anciennes élèves se succèdent pour remercier. Le ministre de l'Éducation nationale traîne de longues phrases en parlant d'une femme visionnaire amie de toujours de l'Afrique. Puis, après quelques applaudissements, Germaine Le Goff se lève. Elle va prendre la parole. On se tait, on chuchote. On aide à marcher cette dame désormais âgée, on l'aide aussi à monter sur le petit tabouret devant le micro. Face à l'assistance, elle est émue, ses mains tremblent. Elle sort de la poche de sa veste une feuille de papier pliée en quatre. Son discours ressemble à un brouillon d'écolier. Un discours qu'elle a préparé consciencieusement avant de partir. Un texte écrit, travaillé, qu'elle a voulu parfait, le résumé de son œuvre. Un texte qu'elle a appris par cœur, de peur de ne pas reconnaître cette écriture, la sienne, penchée, serrée, élancée jusqu'à l'idéal. Elle a pris soin de répéter les mots, les phrases une à une. Elle pourrait le dire de mémoire, mais elle préfère lire. Elle met ses lunettes, toussote un peu, s'excuse de l'émotion. Sa voix tremble :

> Je suis fière de mes filles. Non plus de mes élèves jeunes filles, mais des femmes, des mères, des citoyennes de pays souverains. Là où le destin les a placées, je sais qu'elles accomplissent avec compétence et conscience la tâche qui leur est dévolue. Je sais que leurs enfants montent! Mais qu'ils n'oublient jamais qu'en 1938 mon but n'était pas de faire en quatre ans des femmes savantes, mais des femmes plus évoluées qui éduqueraient la masse et par leur rayonnement personnel et par l'école. Et qu'ils n'oublient jamais, ces enfants de mes filles, que lorsque je les voyais sortir de notre maison familiale de Rufisque, je n'ignorais pas qu'elles allaient plonger dans un milieu parfois hostile qui n'acceptait pas alors l'évolution de la femme africaine. Et je ne parle pas seulement du milieu blanc, mais du milieu « indigène » qui aurait dû, non pas se méfier de ces femmes nouvelles, mais au contraire guider avec bienveillance leurs premiers

> pas. Je l'ai compris dès 1923, en créant la première école de filles de Djenné. Mon seul mérite ? D'avoir fait de l'éducation et non pas de la sous-éducation pour pays sous-développé. On ne crée pas les richesses naturelles, on les découvre, on les exploite. J'ai compris que « mes Africaines » portaient en elles des qualités profondes, des possibilités dont elles devaient prendre conscience, pour qu'elles pussent les réaliser au mieux. C'est fait. Je les en remercie. Leurs enfants, leurs élèves continueront, car la pensée ne s'arrête jamais.

Dans l'assemblée, il y a là une danseuse célèbre, fille d'une de ses anciennes élèves béninoise. Elle porte son prénom. Elle dirige la première école de danse africaine internationale, Mudra Afrique. Germaine Acogny se rapproche de l'ancienne directrice de Rufisque. « Je suis fière de porter votre prénom, lui dit-elle. Vous êtes ma deuxième maman. » Germaine Le Goff la regarde, l'embrasse. « Je suis fière que l'une de mes filles ait donné naissance à une si brillante artiste. » Il y a là encore Marie-Louise Pierron-Sow qui promène sa beauté nonchalante et sa grâce dans l'assemblée. Elle va bientôt ouvrir son école, l'école Nolivé. C'est le nom qu'elle a choisi, celui d'une courageuse femme révolutionnaire sud-africaine, symbole de la fierté noire. Une école qui ressemblera à celle de Rufisque, avec beaucoup de couleurs aussi et une case au milieu de la cour pour dessiner et jouer. Une école primaire pour réussir l'Afrique du troisième millénaire avec la volonté, la foi et la persévérance. Car c'est la force de l'enfant qui réalise lui-même son casier ou sa trousse d'écolier. Germaine Le Goff a un faible pour elle, pour son côté espiègle. Le sourire de la vie. Lors de la petite fête le soir, chez Bathilde Loambé-Gaye, cette femme d'intérieur, si élégante, généreuse et modeste, il y a du champagne et beaucoup de chants. « Ne buvez pas trop, lui dit-elle, une coupe, pas plus. » Bathilde Loambé Gaye, celle qui aimait s'occuper de Claude, est devenue une éducatrice modèle, conseillère à l'Éducation nationale. Elle est aussi l'épouse de l'élégant ministre des Affaires étrangères Amadou Karim Gaye. Germaine lui voue une affection particulière, peut-être pour cette relation si bienveillante qu'elle avait à Rufisque avec celui qui est désormais parti et à qui elle pense particulièrement ce jour-là. Elle regarde Bathilde rire aux éclats avec son amie députée Marie-Anne Sambou Sohaï, sa camarade inséparable de la promotion des Abeilles d'or. Elle ferme les yeux, elle est à Rufisque. Dans la soirée, il y a Annette Mbaye d'Erneville encore, sa plus fidèle et dévouée, celle qui a tout organisé et qui promène sa joie de table en table, avec son grand sourire malicieux. Germaine Le Goff lui demande beaucoup, mais elle peut tout lui demander. C'est elle, la célèbre journaliste de la Radio-Télévision sénégalaise, qui a insisté auprès de Léopold Sédar Senghor pour donner à l'école de Thiès le nom de la fondatrice de Rufisque. Elle encore qui a fondé l'Amicale Germaine-Le Goff pour garder le contact avec ses anciennes compagnes et mener à bien des projets pour l'éducation. À côté, il y a William Ousmane, son fils, jeune réalisateur prometteur, talentueux comme l'avenir du continent et qui prend Germaine Le Goff par la main pour la guider doucement vers le jardin. Il y a Manda Keita-Ba aussi, timide qui parle avec les yeux, et Raima Aminou Alavo, belle aussi dans la discrétion, Jeanne Turpin encore, l'élève de 1938, gaie comme une vie dure, institutrice jusqu'au bout des ongles, simple et heureuse, et dont les blagues résonnent d'une assiette à l'autre. Il y a aussi la plus coquette, Nafissatou Séné Badiane, qui lui a fait l'honneur de la plus jolie tenue. Elles sont là, toutes les promotions. Toutes ces femmes qui n'ont pas abandonné l'Afrique malgré les promesses d'une vie meilleure en France. Ces femmes qui ont décidé de rester là pour la recevoir ici, chez elle aussi. Germaine Le Goff l'a redit au président Senghor, tout à l'heure, au palais présidentiel : « La pensée ne s'arrête jamais. » Les filles de Rufisque poursuivent ici l'ambition de 1938. Construire l'Afrique de demain pour et par les Africains.

Comme en 1938, il y a la photo qui immortalise l'instant de ces retrouvailles. Ce moment présent, léger comme l'air, comme cet air de musique au loin, qui fait oublier presque toutes les tragédies. Sur la table, le vent souffle doucement sur la bougie. Dehors, la nuit frissonne dans l'humidité. Une auto passe. On lui parle encore, mais Germaine Le Goff pense à Claude. Elle voit le visage de ses arrière-petits-enfants, Pamela et Nicolas. Elle pense au bonheur de les retrouver bientôt à Sucé-sur-Erdre. Car le séjour à Dakar est un songe. Qu'est-ce que quelques jours dans une longue vie ? Il faudra bientôt quitter cette terre. Cette terre qu'elle a aimée avec Apé. Cette terre sculptée, où elle aurait souhaité s'endormir.

De la terrasse de sa chambre, à l'hôtel *Terranga*, le long de la côte, le matin au réveil, elle regarde de longues minutes le jour se lever sur l'île de Gorée. Elle écrit dans son journal : « Dans le rouge éclatant, Gorée est comme recouverte d'un voile. Gorée, cette île sinistre d'autrefois, d'où partaient des hommes et des femmes, des enfants qui ne porteraient que le nom maudit d'esclave. Des Africains pauvres donnaient les esclaves aux Américains riches. La vue de cette île qui peu à peu sort du ciel et de la mer me rappelle un passé vieux de quarante ans. Lorsque la voix douce de Claude disait : "Oh, regardez Gorée, elle est assise dans l'eau." Image vraie, Gorée est une traînée rocheuse allongée au ras de la mer. »

À côté d'elle, Germaine Le Goff garde précieusement la dernière lettre de l'écrivaine et ancienne élève Mariama Bâ. Elle relit de temps en temps le poème qu'elle lui a dédié : *Dans ma tête : des fêtes de sons et de lumière*

Dans mon cœur : le culte de ma patrie
Que ma voix tonne Et porte loin
À l'Afrique future
Je dédie votre message
Plus que des gouverneurs dans la fraîcheur des palais
Plus que des décrets dans la poussière des tiroirs
Votre verbe, Amour, a servi la France
Comment oublier la ferveur de votre invite
Comment oublier la justice de votre quête
Le long des chemins fleuris ensemble
Je vous dois
Dans ma tête : des fêtes de sons et de lumière
Dans mon cœur : le culte de ma patrie
Que ma voix tonne Et porte loin
À l'Afrique future
Je dédie votre semence.

LE MYTHE LE GOFF : L'ESPRIT DE L'UNIVERSEL

Au loin, une île. Sur cette île, il y a un peu de France et un peu d'Afrique. Des baobabs et des cyprès, des villas luxueuses et des cases, des hôtels et des bagnes. C'est l'île aux esclaves, dit-on. Celle où l'on faisait transiter la marchandise humaine vers l'Amérique, entre chaînes et menottes. Je me souviens de mes premiers pas en 2002 au milieu de ce décor de cinéma. Plusieurs films y avaient été tournés dont le célèbre *L'Histoire d'Adèle H* de François Truffaut avec Isabelle Adjani en 1975. Ce film retraçait la douloureuse existence de la fille de Victor Hugo, dans sa quête sans espoir de nier un père envahissant et de vivre de manière autonome.

Au cœur de cette île, il y a aujourd'hui, la maison d'éducation Mariama Bâ, inaugurée en 1979 dans une vieille bâtisse coloniale. Triste ironie du sort, les locaux de cette école publique lumineuse et joyeuse, avec ses rires d'enfants, ses palmiers, ses fleurs, aurait abrité au XVIIIe siècle « la captiverie des femmes ». « Travail, Discipline, Ouverture » est désormais la devise de l'une des institutions les plus prestigieuses du pays qui accueille des jeunes filles de la sixième à la terminale. L'internat a été fondé grâce à la volonté de l'ancien président Léopold Sédar Senghor. L'établissement est exclusivement dédié aux filles, quel que soit leur milieu social. Le but était alors de former « l'élite du pays ». À leur sortie, les élèves visent les prestigieuses écoles du Sénégal et d'ailleurs. De Polytechnique à l'École militaire de santé de Dakar en passant par l'École normale d'institutrice. « Une école d'excellence qui brille de mille feux de par ses résultats aux différents examens et concours au Sénégal. Nos jeunes filles sont brillantes et ouvertes au monde. Nous savons qu'elles relèveront le défi de l'émergence du Sénégal en Afrique et dans le monde », insiste sa proviseur, Madame Catherine Sarr, sur le site de l'établissement. On dirait des paroles de Germaine Le Goff.

À Gorée, il y avait aussi un musée, où la femme africaine était honorée dans sa splendeur, là où le sol avait été marqué par la douleur. Il avait trouvé refuge dans une jolie bâtisse aux tons ocres, qui avait appartenue à la Signare[4] Victoria Albis, symbole par excellence de

---

4. Du mot portugais *senhora* (dame). Il désignait à l'origine les femmes africaines qui, vivant en concubinage avec des Européens influents, avaient un rôle économique et un rang social élevé. Le terme s'applique ensuite à toute femme retirant une certaine notoriété soit de son métissage, soit de son habileté de commerçante, parfois des deux à la fois.

la féminité sur l'île de Gorée. « Femme nue, femme obscure, tam-tam sculpté, tam-tam tendu qui gronde sous les doigts du vainqueur. Ta voix grave de contralto est le chant spirituel de l'Aimée... » pouvait-on lire sur ses murs, à travers le célèbre poème de Léopold Sédar Senghor. Sa fondatrice, Annette Mbaye d'Erneville avait même créé une salle consacrée aux éducatrices, et en particulier à Germaine Le Goff, celle pour qui elle avait écrit ce bel hommage :

À Germaine Le Goff
Tu vois le soleil est au zénith !
Loin est le temps des jeux, des chants,
Le moment de se faire face.
La vérité toute nue doit être notre arbitre. Mon cœur se souvient.
Tu m'as appris l'Afrique. Tu m'as appris moi-même.
Aucune équation, aucun théorème
Ne pouvait creuser sillons plus profonds. J'ai bu à la source de ta tête Mère
La liqueur de paix qui exalte l'esprit !
Ta place est à la droite du Seigneur
Parmi les hommes de bonne volonté.
J'ai porté ! porté ! porté ! Tant porté sur mon dos Et jamais, pendant ce temps
L'enfant de l'autre, sur mon dos, N'a trouvé autant de chaleur. Toutes les filles sont miennes, Quelle que soit la couleur
Des rives du Sénégal au golfe du Bénin
De la savane clairsemée à la forêt secrète
Filles de bronze ou d'ébène
Je porte l'Afrique dans mon cœur L'Afrique, cœur du monde et mon cœur de mère

Ne font plus qu'un.

Germaine Le Goff, fondatrice et directrice
de l'école normale d'institutrices de Rufisque

Annette Mbaye d'Emeville (Prix des poètes
sénégalais de langue française en 1964)

Mais Annette a vieilli. Elle a déjà l'âge de Germaine Le Goff. On ne voit plus son visage souriant, ses beaux cheveux blancs, parmi la foule. Elle n'est plus à l'arrivée de la chaloupe, il n'y a plus de cris d'enfants autour de sa silhouette charismatique. En 2015, le musée Henriette Bathilly a été transféré à Dakar, dans une des coupoles de la place du Souvenir africain et de la Diaspora, sur les bords de la corniche Ouest-Dakar. « La maison de la femme » est dédiée aux Sénégalaises d'hier et d'aujourd'hui et à leur histoire. Elle participe à l'émancipation des femmes avec l'organisation de réunions culturelles, d'ateliers et de formations. L'espace réservé à Germaine Le Goff n'est plus. Les femmes sénégalaises ne se résument pas à son œuvre. Du haut de son piédestal, elle ne doit pas s'en plaindre. La vie sur terre n'est qu'un passage. L'Harmattan souffle sur la plaine de Dakar. Dans sa maison, autrefois toujours ouverte aux amis, la célèbre « roulotte », Annette ne reçoit plus les journalistes. Toujours aussi accueillante pourtant, elle réserve ses vieux jours pour ses proches. Elle ne donne plus d'interview. Il reste ses confessions d'avant, comme cet article paru en 1975 dans la revue féminine Amina, qui en disent long sur sa carrière dévouée toute entière au « deuxième sexe ». « Après ma sortie de l'École normale de Rufisque, je me suis mise à écrire dans certains journaux de l'époque, des articles sur les femmes et sur des problèmes à caractère social. Les sujets de ces articles étaient assez avancés pour l'époque. J'y parlais déjà d'émancipation féminine. À ce propos, je dois mentionner l'influence considérable qu'eut sur moi la directrice de l'École normale de jeunes filles de Rufisque : Madame Germaine Le Goff. C'est elle qui m'a fait prendre conscience que les femmes, elles aussi, peuvent faire quelque chose pour l'Afrique. Elle nous a fait prendre conscience de notre "africanité", bien avant que ce mot soit à la mode, comme maintenant, à une époque où personne ne songeait réellement à l'indépendance du continent. »

Aujourd'hui, à bientôt 100 ans, Annette referme la porte du jardin. Elle glisse au passage son beau sourire malicieux : « Reviens quand tu veux. Tu es ici chez toi. La famille, c'est la famille. Mais rapporte-moi un livre s'il te plaît. »

ÉPILOGUE

C'est un jour de beau temps. Le ciel est bleu, net comme celui de Dakar le dimanche, quand le trafic est moins dense et que la pollution devenue chronique se dissipe. L'été s'achève en ce mois de septembre 2022 sur une nature abîmée par trop de soleil. Le vert est devenu jaunâtre. Les fougères sont grillées. Le ciel est bleu, oui. Et la température encore douce de l'automne donne un sentiment d'été qui dure. D'Afrique ? Je viens de croiser la pancarte Douarnenez. Je suis attendu alors qu'une association de quartier a organisé un événement autour de Germaine Le Goff dans le cadre des Journées du patrimoine. Une inauguration « symbolique et humoristique » d'une place Germaine-Le-Goff, aura lieu au parking du centre Gradlon, prévient *Ouest-France*. Demandez le programme... Je cherche le lieu de rendez-vous. Mon GPS tourbillonne comme la boussole désorientée d'un vieux gréement. Je prends une rue à gauche, une autre à droite, puis je monte, monte, monte pour arriver en haut d'une impasse. Je suis à Pouldavid, ce nom qui fait sourire. Il viendrait d'un moine, né en Bretagne au ve siècle, devenu archevêque de Mynyw, sur la côte nord du Pembrokeshire, au Pays de Galles. C'est l'un des grands saints bretons, vénéré des deux côtés de la Manche. Un roi biblique surtout. David était roi d'Israël avant d'avoir été intronisé messie. À côté, j'aperçois le clocher de l'église Saint-Jacques de Pouldavid. Le rappel de cette Bretagne chrétienne. En face de moi, il y a l'ancienne école communale, reconvertie depuis en résidence secondaire. C'est ici que Germaine a fait ses premières gammes. Une petite fille blonde pousse le portail. Sa maman me regarde. « Oui, c'était l'école ici, mais nous y habitons désormais », avant de refermer la porte. J'ai le temps d'apercevoir un vieux baraquement, un jardin en friche. L'histoire est passée. Soudain, un message s'inscrit sur l'écran de mon portable. « La visite commence en bas ». Je redescends rapidement. Je croise un groupe qui déambule dans les rues. C'est eux. Je gare la voiture. Au milieu d'un petit attroupement, Brigitte et son époux Gérard racontent l'histoire de Germaine Le Goff dans ce quartier désormais en périphérie de Douarnenez. Si on parle de cette femme ce jour-là, c'est grâce à eux. On s'arrête devant une grande bâtisse à deux étages. C'est là que Germaine est sans doute née, juste en face de ce qui deviendra la maison d'une autre sommité locale, l'écrivain Jean-François Coatmeur, auteur de polars à succès. « Le port de Pouldavid avait une importance notable au Moyen Âge; ses navires importaient du sel, du blé et du vin, et exportaient des sardines. "Jusqu'en Nouvelle-Zélande", raconte-t-on. Puis le port a lentement commencé à décliner. Voyez ici, il y avait un bras de mer, il ne reste rien que l'échelle rouillée du quai comblé après la Seconde Guerre mondiale. Là où se dresse désormais l'usine Petit Navire. La vue n'a plus rien à voir avec celle des Le Bihan au début du xxe siècle. » Nous marchons plusieurs minutes dans cette petite ville défigurée par la modernité, comme peut l'être la campagne par le remembrement des années 1950. « En rattachant la ville à Douarnenez, on a voulu faire taire les rouges », dit un visiteur. Au hasard de la promenade, j'apprends que Pouldavid a été un haut lieu de résistance. Le 4 août 1944, des FFI empêchèrent des soldats allemands dont plusieurs SS, d'embarquer dans la baie d'Audierne. De violents combats eurent lieu près de Kerharo dans l'anse de Pouldavid où ils s'étaient réfugiés. J'apprends encore qu'un certain François Guillou a été fusillé par les Allemands pour complicité de sabotage le 17 janvier 1944. Il était aveugle, il avait 25 ans. Mort pour la France. L'école qui porte son nom doit fermer sous peu. Dans la ville où est née Germaine Le Goff, il n'y aura bientôt plus d'enseignement. Ici, d'autres lotissements seront bientôt construits. Là, on prévoit un cinéma. Si sur les hauteurs, le vieux Pouldavid conserve encore son charme d'antan, le reste ressemble à un quartier sans âme, bétonné, rongé par le désemploi et la modernité vile. « Trop rouge, Pouldavid ? » Rouge, Germaine Le Goff? Elle tricotait pourtant des pull-overs pour Giscard d'Estaing dans les années 1970. « Elle envoyait à chaque Noël des chocolats à l'Élysée », se souvient Pamela.

« Un jour, elle lui avait même écrit pour lui dire tout le bien qu'elle pensait de lui. J'ai conservé la réponse du chef de cabinet du président. Elle était surtout très gaulliste dans l'âme. Elle était aussi très fière de correspondre avec le président sénégalais Léopold Sédar Senghor, qui lui répondait personnellement, quand ce n'était pas Colette, son épouse », ajoute Pamela. Autre époque. Ce jour-là, Caroline et Anna, les deux responsables de l'association Rhizomes peuvent être fières. Elles ont organisé contre vents et marées une petite fête en l'honneur de cette dame, dont le nom a baptisé le parc de Sucé-Sur-Erdre (44), une rue à Hennebont (56) mais rien à Douarnenez-Pouldavid (29). Devant des HLM construits dans les années 1960 sur un autre bras de mer comblé à la même époque, comme pour murer l'histoire, l'obliger à l'oubli, la fête bat son plein. Un joueur de biniou accompagné d'un accordéoniste distillent des airs bretons. On sert des « sardines de Pouldavid », des galettes de blé noir, du cidre. Sous une tente, les organisatrices ont monté une exposition temporaire retraçant l'histoire de cette « féministe avant l'heure », de ses premiers pas à Pouldavid à son épopée africaine. Je m'arrête devant quelques photos inédites, des objets d'époque collectionnés ça-et-là. Je revois le visage de cette femme. Puis arrive le moment de l'inauguration de la vraie fausse place Germaine-Le-Goff. Tout le petit monde se rassemble sur le terre-plein devant un panneau, masqué par un pagne africain. La principale organisatrice fait un discours élogieux, appuie sur son féminisme d'avant-garde, sa longue période bretonne, mais résume en quelques secondes son expérience africaine. Est-ce pur hasard ou gêne ?

C'est pourtant ces quelques secondes qui la rendent différente, pour ne pas dire originale.

Mais la France ne se regarde plus en face. Elle a un peu honte. Ah oui, Germaine Le Goff appartenait à la colonisation, à cette fameuse « mission civilisatrice ». Et le mot « colonisation » se résume désormais à « esclavage ». Adieux les beaux idéaux, l'esprit des Lumières, l'universalisme. Le wokisme et l'indigénisme importés des États-Unis ont remplacé ces valeurs-là. Fierté d'être là pourtant, d'avoir participé à cette reconnaissance post-mortem. Même si aux yeux de cette société sans mémoire, de la moquerie et du cynisme, tout cela peut paraître démodé.

Par une étrange coïncidence, à quelques centaines de mètres de là, un nouveau skate-park est inauguré avec fastes et fanfares, sans doute pas très loin d'un McDonald's. Je quitte la cérémonie hommage à Germaine Le Goff, qui a rassemblé pas mal de personnes âgées, quelques couples avec enfants et je reprends ma voiture en direction de Treboul, la plage de Germaine Le Goff. Et je tombe nez à nez, presque par hasard, sur cet autre événement. La réalité me saute aux yeux, tous les enfants de Douarnenez sont là. Le sport roi à l'américaine a remplacé l'histoire, la culture, la mémoire, à la française.

« Soyez fières d'être africaines », répétait Germaine Le Goff à ses élèves en 1922. Oui, soyez fières. Un siècle plus tard, on aurait aussi envie de dire le même jour : « Soyez fiers d'être bretons », voire, pourquoi pas, « d'être français ». « C'est une personne qui nous a fait aimer l'Afrique parce qu'elle aimait sa propre patrie », m'avait confié Bathilde Loambé Gaye en 2002, dans sa belle tenue pourpre, toujours élégante, les cheveux enroulés dans un foulard soyeux de la même couleur. « Maintenant c'est très à la mode, mais elle a été la première dame à nous dire : "Vous pouvez être très belles en restant des africaines. Vous avez votre propre patrie, il faut l'aimer. Vous êtes des africaines restez des africaines, aimez l'Afrique parce que mes enfants, il ne faut pas qu'on vous trompe, vous avez une civilisation. Et vous devez aider l'Afrique à s'élever, en enseignant, mais un enseignement dans la droiture." Germaine Le Goff a œuvré pour l'Afrique. Une vraie racine. »

Une vraie racine ? Jolie expression tellement africaine. « Il faut savoir d'où on vient pour savoir où l'on va » disait le célèbre écrivain malien Amadou Hampâté Bâ, qui a peut-être croisé le chemin de cette institutrice-là, débarquée de sa Bretagne natale à Djenné dans les années 1920. Il était né dix ans après elle, en 1901 du côté des falaises de Bandiagara, en pays Dogon. Qui est Hampaté Bâ à Douarnenez ce jour-là ? À la radio, sur France Culture, j'entends cette phrase : « Quand une société ne peut pas enseigner, c'est que cette société ne peut pas s'enseigner. » Elle est de Charles Peguy.

Et soudain, je repense à ma rencontre émouvante en 2017 avec Jeanne Martin Cissé, cette legoffienne au destin hors du commun en son temps, figure de l'indépendance et des droits des femmes, première africaine à avoir été présidente du Conseil de sécurité de l'ONU (1972). C'était en 2017 à Conakry, lors d'un reportage que je réalisais pour *Jeune Afrique*. Un ami à qui je parlais des élèves de Rufisque m'avait aussitôt répondu : « Jeanne Martin Cissé est ma grande tante, tu veux la rencontrer ? Viens je t'emmène. » Dans un vieux quartier autrefois chic, j'entrais dans la maison où avait été reçue en son temps Germaine Le Goff, à l'époque de sa tournée guinéenne chez « Sékou Touré le révolutionnaire », si hostile à la France. La maison rectangulaire cernée de plantes tropicales, ressemblait à ces villas des années 1960, un peu celles des indépendances, de la fête permanente, celle du Twist à Bamako (film de Robert Guédiguian), que j'avais découvert en noir et blanc dans ses albums de photos. Je me retrouvai alors propulsé dans une chambre, aux allures un peu mortuaires. Une vieille dame, telle une nouvelle momie, gisait dans son lit. Elle ne bougeait pas. Seuls ses yeux légèrement vitreux — elle était presque aveugle — semblaient fixer une ombre dans la pièce. Elle entendait un peu. On me présenta comme un proche de la famille Le Goff. Elle avait esquissé un très discret sourire, en se retournant légèrement vers moi. Et aussitôt, j'avais vu sa main chercher la mienne. Et je serrai plusieurs minutes ces doigts frêles et fragiles comme des allumettes, sans rien dire. Je sentis quasiment le sang affluer dans ses veines. J'avais reconnu dans ses yeux opaques qu'elle revivait peut-être les jours heureux de Rufisque. Elle partit à son tour au paradis des legoffiennes quelques jours plus tard. Panafricaine de la première heure, elle avait eu ces mots de reconnaissance à l'égard de l'école de Germaine Le Goff en 2010 : « Nous étions vingt-six dans notre promotion. Comme Guinéennes, nous n'étions que trois. Mais nous ne parlions pas de Guinée, de Sénégal, de Côte d'Ivoire, nous parlions d'Afrique », avait-elle confié lors d'un entretien accordé à l'historienne Pascale Barthélémy.

Sur les hauteurs de Treboul, je regarde une petite fille courir joyeusement le long de la plage. Un autre hasard fait qu'une régate de navires anciens a lieu. Et j'observe de vieux mâts remonter l'anse de Douarnenez, comme autrefois les pêcheurs revenir au port de Pouldavid. Oui, pour ma part, je sais où je vais, et peut-être comme Germaine Le Goff en 1946, lorsqu'elle quitta l'Afrique pour rentrer sans les honneurs en France, je sais que les châteaux de sable disparaissent avec le ressac. La brièveté de la vie nous rappelle que le progrès humain est une œuvre de long haleine.

Malgré les critiques, les remises en question, l'œuvre de Germaine Le Goff perdure. Car oui, la pensée ne s'arrête jamais. Les petites pierres font les grands ricochets.

GERMAINE LE GOFF, LA PIONNIÈRE
Témoignage de Jeanne Turpin, première promotion, 1938

Mme Germaine Le Goff — « Madame », comme nous l'appelions au début de notre scolarité à Rufisque avant de lui décerner le titre de « mamie Le Goff » — nous a enracinées dans notre identité africaine tout en développant dans nos jeunes têtes des sentiments très forts pour la France, que nous ne connaissions en ce temps-là que par ce qu'elle nous en disait.

Tous les territoires de l'A.-O.F. étaient représentés à l'École normale, toutes religions et toutes ethnies confondues, sans aucune distinction entre les élèves. Les catholiques avaient leur messe le dimanche à l'église et les musulmanes priaient, chaque vendredi, dans la cour de l'école, individuellement ou en groupe, selon leur choix.

Le programme de l'enseignement était bien équilibré entre les travaux ménagers, les cours de culture générale, l'apprentissage de la pédagogie, l'éducation civique et la morale — Mme Le Goff enseignait ces trois dernières matières ainsi que le français.

En 1938, cette première promotion d'une cinquantaine d'élèves, dont je fais partie, a été scindée en deux classes, selon le niveau des élèves, pour former la première et la deuxième années. Mme Le Goff tenait compte de l'urgence de former rapidement des institutrices, devançant ainsi la décision du gouvernement général de renforcer le travail des monitrices avant de les remplacer par les écoles de filles de l'administration, peu nombreuses.

Mamie Le Goff nous a tant appris, tout en consolidant l'éducation que nous avions reçue de nos parents.

Née le 28 juin 1918, je peux, à mon âge, témoigner à haute voix, sans être contredite, que Germaine Le Goff a œuvré pour l'Afrique et qu'elle est une pionnière dans ce qu'on appelle actuellement la « promotion de la femme africaine ».

Notre gratitude pour mamie Le Goff continue avec nos enfants et petits-enfants, dont elle a connu quelques-uns.

POSTFACES

Que me revient-il de mon arrière-grand-mère ?

Les souvenirs de toute une enfance, de toute une jeunesse, car j'avais presque dix-sept ans quand elle nous a quittés.

Tant de fois j'ai parcouru, en taxi-ambulance local qui m'amenait depuis la gare de Nantes, la longue et majestueuse allée vers sa propriété de la Châtaigneraie. Immanquablement, sa présence, toujours soignée, en chignon, se dessinait sur le perron. Je galopais vers une embrassade qui m'avalait tout entière.

Cette demeure, grandiose et un peu dilapidée, était sa fierté, le signe de son parcours exceptionnel d'enfant de la République. Cette maison, qu'elle avait choisie pour y vivre et y accueillir, prenait vie à chaque visite. Aux week-ends, son neveu Roger venait de Nantes en Coccinelle grise, pour devenir le patient artiste de parterres de fleurs méticuleusement chamarrés. Au moment des vacances, mon frère Nicolas et moi, attendus comme des petits princes, investissions les lieux, infatigables aventuriers de ce domaine regorgeant de livres et de possibilités.

Dans un méli-mélo de souvenirs d'Afrique, de fascinantes statues réalisées par son mari Jo, de meubles bretons anciens, et de mobilier du XXe siècle en acajou, notre « Mamie II » recevait à la Châtaigneraie à la fois en chef d'État et en cheffe cuisinière, secondée par sa belle-sœur, ma grand-tante Manouche. Lorsque d'aventure certaines de ses anciennes élèves (« mes filles ! »), de passage en France, étaient attendues, c'était toujours un de ses plus beaux boubous qu'elle revêtait avec un gros pendentif d'ivoire – elle qui s'habillait sinon indifféremment à l'occidentale ou à l'africaine dans un joyeux mélange des genres.

Au fond du grand salon, devant une porte-fenêtre en vitrail, se tenait son gros fauteuil années 1930 en velours terre de sienne, depuis lequel elle ne se lassait pas de contempler la vue jusqu'à l'Erdre. Une édition du livre *Une si longue lettre* de Mariama Bâ, qui avait été son élève, reposait sur la table basse carrelée aux pieds en fer forgé. Chaque année il m'incombait le même rituel : agenouillée à ses côtés, je calligraphiais sous sa dictée ferme et emphatique, sa lettre annuelle à Léopold Sédar Senghor. J'en ai oublié les mots depuis longtemps, mais je me rappelle leur déférence. Si mon arrière-grand-mère lui écrivait ainsi, c'est que c'était un très grand monsieur, ce Président Senghor. Elle me montrait ses livres, me déclamait ses poèmes. J'ai appris qu'il avait écrit sur la négritude, et que c'était très important.

C'est depuis cet endroit précis de son salon qu'elle m'a le plus parlé du continent africain. Djenné surtout me faisait rêver par sa sonorité et le long double « n » qu'elle prononçait avec intention – mais aussi ce Dahomey dont les jolis timbres venaient orner mes albums et qui, comme le Soudan français, m'expliquait-elle, toujours éducatrice, avait maintenant un autre nom. Le Bénin, le Mali avaient gagné leur indépendance. Et le Sénégal, toujours, pays de cœur : Dakar ! Rufisque ! Saint-Louis ! Thiès !

Avant tout elle me parlait des Africaines, de ces jeunes filles vivantes et gracieuses. Elle me racontait leur intelligence et leur joie. Elle s'attardait longuement sur leurs danses, partageait sa fascination pour ces corps libres et expressifs... si différents de la culture de son Finistère natal ! Elle me racontait aussi ces jeunes femmes vives, curieuses, volontaires, qui voyageaient depuis tous les pays d'Afrique occidentale pour rejoindre son école et apprendre à instruire. Elle évoquait la destinée de l'une, écrivaine, de l'autre, ministre... la voix empreinte de respect pour leurs accomplissements et de fierté d'avoir contribué à l'émergence d'une élite véritablement africaine.

Que me reste-t-il de mon arrière-grand-mère ?

L'indépendance d'esprit, le goût d'apprendre et le sens du possible.

Sa voix forte et son rire inimitable.

Le souvenir de sa puissance et de sa générosité.

Pamela Caillens

UN DERNIER AUREVOIR

J'avais 14 ans et c'était mon premier enterrement. Au terme du voyage de Paris à Sucé cet été de 1986, je me trouvais devant la porte du bureau de mon arrière-grand-mère, une petite pièce au rez-de-chaussée qui lui servait de chambre depuis quelques années.

Je me souviens avoir passé un long moment avant de trouver le courage d'y pénétrer. Ma Mamie II reposait à gauche dans son cercueil, paisible comme l'une des nombreuses statues de sa maison. Autour d'elle, un buste de mon père Claude, une collection encadrée d'araignées naturalisées et un imposant bureau sur lequel se trouvaient encore un encrier et un sous-main taché, vestiges de sa vie passée.

Seul et en silence, je repensais à tous ces moments où elle me prenait sur ses genoux – son « barlan » – pour me parler de mon papa et, toujours, de l'Afrique, ce continent magique et mystique qui l'avait adoptée. Il s'était écoulé onze ans depuis la mort de mon père et quarante ans depuis son départ de ce continent tant aimé.

Soudain, j'entendis un brouhaha joyeux. Un groupe de ses anciennes élèves venaient de faire irruption à la Châtaigneraie. En un grand bal de couleurs, de sourires, d'éclats de rire, tout ce qu'on m'avait dit entourer la mort – le noir, les mines sombres – était démenti. Mamie II, « Maman Le Goff », allait défier les usages jusqu'au dernier moment. Ces femmes n'étaient pas venues pleurer sa disparition : elles avaient fait le long voyage pour célébrer sa vie, et dire qu'aucune ne l'avait oubliée.

Nicolas Caillens

Germaine Le Goff de retour en Afrique dans les années 1970, reçue par ses anciennes élèves au pied de l'avion.

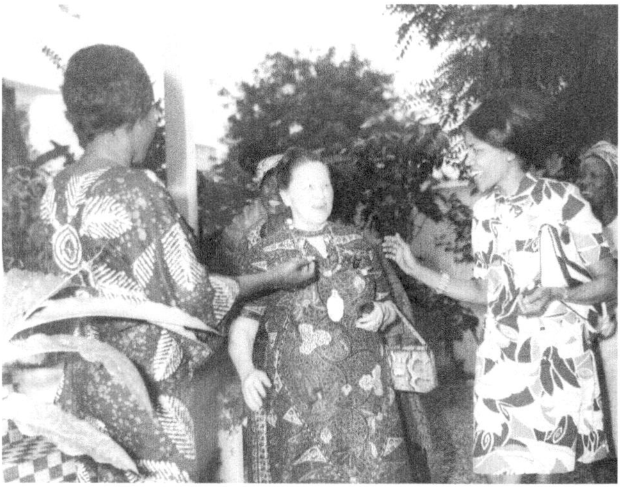

Germaine Le Goff et d'anciennes élèves de Rufisque lors de son voyage au Bénin (ex-Dahomey) en 1972.

Germaine Le Goff (chapeau) et le petit Claude saluent le Général De Gaulle, lors de son passage à Dakar en janvier 1944 avant la conférence de Brazzaville.

Germaine Le Goff et son ancienne élève Annette Mbaye d'Erneville avec le président Senghor et son épouse en décembre 1976 à Dakar.

REMERCIEMENTS

Je remercie toutes celles et tous ceux qui m'ont permis d'écrire ce livre, la famille Caillens-Freland d'abord, Sandra et Serge bien-sûr, mes cousins Pamela et Nicolas pour leur aide et confiance, Caroline Tournier pour quelques éclairages, Pascale Barthélémy pour ses précisions historiques, ma grand-mère de Dakar, Annette Mbaye surtout pour sa générosité, Bathilde Loambé Gaye et Marie-Anne Sambou Sohaï ainsi que leurs filles respectives pour leur gentillesse spontanée et toutes mes « tantes » d'Afrique, du Sénégal au Cameroun, et j'en oublie sans doute, et toutes celles qui m'ont ouvert leur porte, toutes celles qui m'ont donné l'Afrique, toutes ces femmes que j'aime et qui m'ont d'abord ouvert leur cœur. Il y a ma famille encore, mes chers grands-parents toujours qui m'ont donné le goût de l'histoire et de la vie, mon père, ma mère, Valéry et Mathilde. Toute ma reconnaissance aussi à Chloé Mérigot, Chloé Pathé qui y ont cru dès le début, mon ami réalisateur Eric Darmon de Mémoire Magnétique qui le premier dès 2002, m'a encouragé à écrire et réaliser cette histoire, à Caroline Delage la productrice de mon documentaire sur Germaine Le Goff, à Hubert Coudurier du Télégramme, Yves Bigot de TV5 monde, et bien-sûr à Alexandra Vassiliades pour son soutien et conseils précieux, et bien sûr Armand de Saint Sauveur pour cette nouvelle édition.

Et surtout, il y a Germaine Le Goff. Son âme d'Africaine qui a guidé mes pas du cimetière de Sucé à la maison de Rufisque. À tous ceux-là, je dis merci.

François-Xavier Freland

BIBLIOGRAPHIE

Auteur anonyme : *Je suis une Africaine... j'ai vingt ans* autobiographie d'une jeune institutrice togolaise. Dakar-Jeunes, 12 mars 1942, p.11. Mis en ligne avec l'aimable autorisation des Archives du Sénégal et le concours du Département d'Histoire de l'Université Cheikh Anta Diop Ont collaboré : Pascale Barthélémy, Charles Becker, Pape Momar Diop, Ibrahima Thioub, Jean-Marie Volet

BÂ, Mariama, *Une si longue lettre*, Paris, Le Serpent à plumes, 2001. BARTHÉLEMY, Pascale, « La formation des institutrices africaines en A.-O.F. : pour une lecture historique du roman de Mariama Bâ, *Une si longue lettre* »,

Clio, n° 6, 1997.

BARTHÉLÉMY, Pascale, « Inégalités d'accès à la citoyenneté : Le rôle des anciennes élèves des écoles supérieures d'A.-O.F. dans l'émergence des femmes africaines en politique », colloque international « Genre, population et développement en Afrique », Abidjan, 16-21 juillet 2001.

« *Nanan du plaisir,* Germaine Le Goff (1891-1986), première directrice de l'École normale de jeunes filles de l'AOF », dans Chantal Chanson-Jabeur et Odile Goerg (éd.)

Africaines et diplômées à l'époque coloniale (1918-1957), Presses Universitaires de Rennes, 2010.

CÉSAIRE, Aimé, *Discours sur le colonialisme,* Paris, Présence africaine, 1970.

COMTE, Gilbert, *L'Empire triomphant* 1871-1936. *L'Afrique occidentale et équatoriale,* Paris, Denoël, 1988.

DORE-AUDIBERT, Andrée, *Une décolonisation pacifique. Chroniques pour l'histoire,* Paris, Karthala, 1999.

Dozon, Jean-Pierre, *Frères et sujets. La France et l'Afrique en perspective,* Paris, Flammarion, 2003.

KANE, Cheikh Hamidou, *L'Aventure ambiguë,* Paris, 10/18, 1971. KNIBIEHLER, Yvonne et GOLTIALIER, Régine, *La Femme au temps des colonies,* Paris, Stock, 1985.

LE CLÉZIO, Jean-Marie Gustave, *L'Africain,* Paris, Le Mercure de France, 2004. MARTIN, Jean, *Lexique de la colonisation française,* Paris, Dalloz, 1988. MBAYE D'ERNEVILLE, Annette (propos recueillis par), *Femmes africaines*, Romorantin, Éditions Martinsart, 1981.

SEMBENE, Ousmane, *Les Bouts de bois de Dieu,* Paris, Pocket, 2002. SENGHOR, Léopold Sédar, *Œuvre poétique,* Paris, Le Seuil, 1990.

SMITH, Stephen, *Négrologie. Pourquoi l'Afrique meurt,* Paris, Calmann-Lévy, 2003.

BIOGRAPHIE DES AUTEURS

François-Xavier Freland est journaliste et écrivain. Il a été correspondant de France 24 et Radio France à Bamako au Mali. Il couvre depuis plus de dix ans l'Afrique de l'Ouest, notamment pour *Jeune Afrique*. Il est l'auteur d'une dizaine d'ouvrages dont plusieurs sur l'Afrique, comme *Mali, au-delà du Jihad* paru en 2017 aux éditions Anamosa ou encore le roman pour enfants *L'Arbre des voyageurs* paru chez Magellan et Cie qui se situe à Madagascar. Son dernier roman, *Un été à Anafi*, est paru aux Éditions Intervalles en 2022.

Abdou Diouf, le préfacier, président de la République du Sénégal de 1981 à 2000, a été le secrétaire général de l'Organisation internationale de la francophonie.

Déjà parus aux Éditions Intervalles

LITTÉRATURE

Jan Lars Jensen
Parano
Anthony James Perry
Douze histoires cul sec
Anthony Smith
D'amour et d'Amazone
Terence Ward
À la recherche d'Hassan
Linda Grant
Le roman que je n'ai pas écrit
Nos années folles
Gavin Menzies
1421, l'année où la Chine a découvert l'Amérique
Patrick Neate
Twelve Bar Blues
Jérusalem
Martin Melkonian
Les mots pour jouir
Åsne Seierstad
Cent un jours à Bagdad
Bill Carter
Les Ailes de Sarajevo
Boom, Bust, Boom
Theo Hakola
Le Sang des âmes
Rakia
Tiziano Terzani
La fin est mon commencement
Un devin m'a dit
Un autre tour de manège
Lettres contre la guerre
Bonne nuit, Monsieur Lénine
En Amérique
Soname Yangchen
Soname ou la bonne fortune
Idanna Pucci
La Demoiselle de Sing Sing
M. Page et T. B. Reverdy (dir.)
Collection irraisonnée de préfaces à des livres fétiches
Martin Millar
Les Petites Fées de New York
Kalix, la loup-garou solitaire
Kalix, la malédiction de la loup-garou
La Déesse des marguerites et des boutons d'or
Daphné Kauffmann
Nos mots croisés
Un personnage en Italie
Le Sens de l'équilibre (avec Clément Leroy)
James S. Lee
Les Tribulations d'un opiomane (1895-1915)

TIRDAD ZOLGHADR
Softcore
RAVI SHANKAR
Raga Mala, ma vie en musique
JEAN-CLAUDE BOULARD
Voyage au pays des juges
GUILLAUME JAN
Le Cartographe
Traîne-Savane
AXEL LÉOTARD
Marie et les Autres
ZACHARY KARABASHLIEV
18 % gris
JEAN SZLAMOWICZ
Détrompez-vous !
Le Sexe et la langue
GABRIEL MALIKA
Les Meilleures Intentions du monde
Qatarina
OLIVIER AUROY
Au nom d'Alexandre
L'Amour propre
Le Dicorona
LAURÈNE CHAMPALLE
Christiania ou les enfants de l'utopie
MILLARD KAUFMAN
Comme sur un lit de roses
ROWAN SIMONS
Des bambous dans la surface de réparation
GAZMEND KAPLLANI
Petit journal de bord des frontières
Je m'appelle Europe
La Dernière Page
Le Pays des pas perdus
PHILIPPE COUSSIN-GRUDZINSKI
Voyages sur Chesterfield
GUÉNAËLLE BAILY-DAUJON
Là-Batz, le roman d'une île
D. GUELAR, V. JARACH, B. RUIZ
Les Enfants de l'exil
BEN ELTON
Doris Darling
ANTHONY NEILSON
Les Menteurs
ELIAS JABRE
Absolut Barbarian trip
Un psychopathe et demi
ARNAUD MODAT
Comic Strip
LUDMILA SHTERN
Bye Bye Leningrad
SÉBASTIEN GENDRON
Zeus
DAVID DOMA
La Nuit des secrets
STÉPHANE REYNAUD
Le Monde selon Cheng

Mikaël Hirsch
Avec les hommes
Notre-Dame des Vents
Libertalia
Quand nous étions des ombres
Gabriel Robinson
Les Heures pâles
Richard Gaitet
Découvrez Mykonos hors saison
L'Aimant
Jean-Claude Taki
Sotchi inventaire
Menahem Begin et Anouar el-Sadate
La Paix à l'œuvre
Dimitris Sotakis
L'argent a été viré sur votre compte
Comment devenir propriétaire d'un supermarché sur une île déserte
Une famille presque parfaite
Un grand serviteur
Da Ngân
Une bien modeste famille
Mileta Prodanović
Ça pourrait bien être votre jour de chance
Marianne Groves
Baby Baby
Yves Brunier
Dans la peau d'un monstre (gentil)
Rachel Vanier
Hôtel International
Écosystème
Guéorgui Gospodinov
Physique de la mélancolie
Un roman naturel
Tous nos corps
Sonia Ristić
La Belle Affaire
Des fleurs dans le vent
Saisons en friche
Triptyque en Ré mineur
Celles qui se perdent
Jean-Luc Marret
Pornification
Oksana Zaboujko
Explorations sur le terrain du sexe ukrainien
Ai Weiwei
Weiwei-ismes
Notre humanité
Rouja Lazarova
Le Muscle du silence
Carole Zalberg
À la trace
John Robertson
La Bataille de Penang
Park Min-kyu
Ping-Pong
Timothée Gaget
Les Bonnes Mœurs

SEVGI SOYSAL
Tante Rosa
YOUCEF ZIREM
La Porte de la mer
MICHKA ASSAYAS (DIR.)
Nouvelles nouvelles d'Azerbaïdjan
PATRICIA ALMARCEGUI
Le Peintre et la Voyageuse
Carnets perdus du Japon
JULIEN LECLERCQ
L'homme qui ne voulait pas devenir président
ELSA LEVY
Bouddha Boudoir
DIMANA TRANKOVA
Le Sourire du chien
La Caverne vide
ALAIN DELMAS
Dans l'ombre du viaduc
Xéno
URŠUĽA KOVALYK
Femme de seconde main
L'Écuyère
KONRAD LAGHOS
Petits Hommes
CATHERINE BALDISSERRI
La Voix de Cabo
VESNA MARIC
Le Merle bleu
SYLVIA HANSEL
Les adultes n'existent pas
Cannonball, l'adolescence n'est pas une chanson douce
Bulle de savon
WIOLETTA GREG
Les fruits encore verts
KHOSRAW MANI
Une petite vie
TIIT ALEKSEJEV
Le Pélerinage
HUGUES SERRAF
Deuxième mi-temps
Le Dernier Juif de France
La Vie, au fond
CONSTANCE LATOURTE
Avenida Vladimir Lénine
MAÏA ABOUELEZE
Le Ballet des retardataires
FABRICE CHÂTELAIN
En haut de l'affiche
Le Mâle du siècle
STÉPHANE ROSE (DIR.)
Cafard noir, seize leçons d'enveloppement personnel
TAGBUMGYAL
Le Chien, son maître et les parents proches
ANNE ROBATEL
Dieu, le point médian et moi
Contrechants
La littérature n'est pas qu'un sport de combat

GUILLAUME LAFOND
La Correction
La Colère selon M
BARBARA KLICKA
Sanatorium
BEKIM SEJRANOVIĆ
Ton fils Huckleberry Finn
BAPTISTE LEDAN
La Vie suspendue
FRANÇOIS-XAVIER FRELAND
Un été à Anafi
SHMUEL TRIGANO
Petit manuel de postmodernisme illustré
HUBERT HECKMANN
Cancel !
PIERRE-ANDRÉ TAGUIEFF
Qui est l'extrémiste ?
ÉLISABETH LESNE (DIR.)
Filles de l'Est, femmes à l'Ouest
SABINE PROKHORIS
Les Habits neufs du féminisme
CLAUDINE TIERCELIN
La Post-vérité ou le dégoût du vrai
ALBENA DIMITROVA
Nous dînerons en français
L'Or qui fait de l'or
OLIVIER JACQUEMOND
Un amour sous la guerre
FRANÇOIS RASTIER
Petite mystique du genre
ANGUEL IGOV
Les Doux

PHOTOGRAPHIE, LIVRES ILLUSTRÉS

Jocelyn Bain Hogg
Idolâtrisme
Abbas
Les Enfants d'Abraham
Chris Steele-Perkins
Tokyo Love Hello
Sabine Pigalle
Toxi Food
Festins libertins
Protectors
Coronabécédaire
Raghu Rai et Tiziano Terzani
India notes
Xavier Lambours
Cinéma
Stéphan Gladieu
Roland-Garros, fenêtre sur courts
Fouad Elkoury
De la guerre et de l'amour
J'émerge
Guillaume Reynard et Jean-Claude Taki
Lettres kazakhes
Sotchi pour mémoire
Magnum Photos et Bruno Gibert
Quarante-cinq histoires d'automobiles
Célia Houdart
Georges Aperghis : Avis de tempête
Sophie Prunier-Poulmaire (dir.)
Le Travail révélé
Êtres au travail
Naomi Harris et Yann Perreau
California Dreaming
Liz Hingley
Under Gods
Tomas van Houtryve
La lutte continue
Éric Atlan
Mortem
Collectif
Le Chant du Monstre, revue (n°1, n°2, n°3)
collectif Argos
Gueule d'Hexagone
Héctor Mediavilla
S.A.P.E.
Aurélien Abels Eber, Romain de La Bouvrie et Thomas de La Bouvrie
Terre de foot
Jérôme Cabanel
Les Bâtisseurs
Catherine Viale et Mathias Moreau
It's not only Rock'n'Roll
Piotr Barsony
Papa porte une robe
Marc Édito, l'homme idéal

JULIEN NOUVEAU
Éloge des arborinidés
MATTHIAS HEIDERICH
Spektrum Berlin
EMMANUELLE HAN
Flying Blues
GERALDINE JACQUES
Rhizome
TAYLOR HOLLAND
EuroBus
HUGO JACOMET
Parisian Gentleman
Italian Gentleman
AYMON DE LESTRANGE
Angelo Mariani, le vin de coca et la naissance de la publicité moderne
CÉCILE CAZENAVE (DIR.) & TERRA PROJECT
Terres à vendre
ANNE DE VANDIÈRE
Tribus du monde
Hand
CAROLINE DARTIAILH ET LAURE DIDRY
La Faune parisienne
ALBAN LÉCUYER
Ici prochainement : Sarajevo
COLLECTIF
Regarde où tu marches
DAMIEN KEMPF
Monstres médiévaux (avec Maria Kempf)
Chasseur de monstres médiévaux
CARLO BEVILACQUA
Utopia
SOPHIE LE BERRE
Personal Tattoo
MARTHE PEQUIGNOT
Bibliométéo
JULIE ANDRADE ET AUDREY ZEILAS
Les Villes émotionnelles
MARTIN BERTRAND
Mékong écoportrait
MAGALI DELPORTE
La Résidence
EMMANUELLE ROCHARD
Reverse, Carnavals du monde

Achevé d'imprimer en janvier 2024
par Corlet
Imprimé en France, à Condé-en-Normandie (14)
N° d'impression : 24010019
Dépôt légal : premier trimestre 2024

Couverture et composition : Hélia Berthe, Marion Papail
Révisions : Hélia Berthe, Marion Papail
Photo de couverture : D.R.

ÉDITIONS INTERVALLES

Direction éditoriale : Armand de Saint Sauveur

2 rue Bleue 75009 Paris France
Tel. :+33 1 53 43 83 30
www.editionsintervalles.com